价值传播

我有熔喷布，谁有口罩机？
重大公共事件中企业价值传播

吕大鹏 著

Value Communication

Enterprise's Value
Communication in Major
Public Events

中国经济出版社
CHINA ECONOMIC PUBLISHING HOUSE
北 京

图书在版编目（CIP）数据

价值传播：重大公共事件中企业价值传播 / 吕大鹏著 . -- 北京：中国经济出版社，2021. 2（2021. 8 重印）

ISBN 978-7-5136-6416-5

Ⅰ. ①价… Ⅱ. ①吕… Ⅲ. ①突发事件－影响－企业－价值论－研究 Ⅳ. ①F270

中国版本图书馆 CIP 数据核字（2021）第 007695 号

策划编辑 金 珠 杨 莹
责任编辑 彭 欣 赵嘉敏
营销编辑 张明晰
责任印制 巢新强
封面设计 久品轩

出版发行 中国经济出版社
印 刷 者 北京富泰印刷有限责任公司
经 销 者 各地新华书店
开 本 710mm × 1000mm 1/16
印 张 15.25
字 数 150 千字
版 次 2021 年 2 月第 1 版
印 次 2021 年 8 月第 2 次
定 价 68.00 元
广告经营许可证 京西工商广字第 8179 号

中国经济出版社 **网址** www.economyph.com **社址** 北京市东城区安定门外大街 58 号 **邮编** 100011
本版图书如存在印装质量问题，请与本社销售中心联系调换（联系电话：010-57512564）

序

做实价值传播　提升公共关系

传播是维系公共关系的重要手段。当前，随着中国走进国际舞台的中央，我们所面临的国际环境也日益复杂。要着力构建“以国内大循环为主体、国内国际双循环相互促进的新发展格局”，就需要我们更好地沟通交流，为党和国家事业的发展营造一个良好的内外部舆论环境。

传播是沟通交流最常用的手段，最有效的传播则是实现“他想”和“我说”完美融合——通过被理解，塑造和维护良好形象，营造有利于生存发展的舆论环境。

从企业角度来讲，企业价值的大小，不仅在于创造产品和财富的多少，也在于社会认知程度的高低。跨越认知价值的鸿沟，就能消弭社会感知偏差，更大程度地为企业发展营造良好环境，这其中，能否实现企业价值的有效传播是关键。

在新冠肺炎疫情这样的重大公共事件中，中国石化等大企业所表现的社会责任特别引人关注。企业以践行与表达其社会责任为主要内容的核心价值体系的构建与对外传播，既符合国家要求和人民期待，也符合时代特征和历史使命。

大鹏同志告诉我，中国石化党组从疫情一开始就提出“工作要做好，也要说好”。我非常赞赏中国石化的这一思路，它让更多的宣传工作者有底气去讲好中国故事，讲好央企故事。同时，通过对内鼓舞士气、激励斗志，对外展示“中国制造”和“中国速度”，展示央企良好形象和强大实力，增强全社会战胜疫情的信心和决心。

行动是唯一能够反映精神面貌的镜子，《价值传播》一书迅速出版，对重大公共事件中企业价值传播实践进行了及时的思考和总结。这本书将我们带回到了“我有熔喷布，谁有口罩机？”的日子，这句耳熟能详的口号，充满了有责任、有担当的集体主义精神，彰显了不怕困难、敢于胜利的英雄气概，体现了集中力量办大事的制度优势。

书中所介绍的中国石化传播工作，有几个特点值得一提。一是敏感性。新冠肺炎疫情作为影响国计民生的重大公共事件，是一个时期内党和人民最为关注的事件，也是全国人民感知国家形象、坚定“四个自信”的重要窗口。中国石化站在国家和人民需要的高度大力投身防疫抗疫，同时也站在这个高度做好传播。让读者可以清晰地看到，国资央企在战“疫”过程中发挥了重要的、不可替代的作用。二是及时性。把企业的生产经营活动与传播紧密结合起来，生产不断推进、传播也持续跟进。据我所知，疫情期间，中国石化从发起策划、统筹协调、新闻加工到渠道传播，建立了高效的信息发布机制。他们采用全平台、全媒体、全过程、全覆盖以及分阶段、分节奏的“四全两分”传播方式，按照节奏，不断释放后续生产动态、关键节点事件，维持话题热度。口罩和熔喷布是怎么来到人民面前的，每一步都有新闻，让人们如身临其境。这本书出版得也很及时，给大家带来新鲜的回忆及深入的思考。三是创新性。随着融媒体不断发展，我也关注到中国石化特别注重立体传播，这非常有意义。针对抗疫期间的宣传，他们提出“严肃话题严肃推，轻松话题轻松推”“时效靠微博，深度用微信，感性发视频，互动靠直播”。战“疫”宣传浪潮中，各方声音交织繁杂，常态新闻很容易被淹没，而中国石化得以突围——有了“中国石化体”的识别度，还归功于在宣传上善于紧扣企业自身优势，实现创新的立体式传播。这本书里附有大鹏同志作词的战“疫”歌曲《一起加油》和《天亮去赶集》，有感而发、情真意切，值得品味。同时，还附有许多纪实图片、精彩视频和新闻报道。通过扫描书中的二维码，即可回溯难忘的抗疫瞬间。这也体现了中国石化传播的一个特点，打通多媒体手段，整合融媒体传播。此外，这本书也是一个总结很及时的传播案例库，共有 29 个经典案例，值得分析和借鉴。

中国石化在疫情期间的国内传播实践总体是成功的。这次抗疫宣传，在国家层面是公开、透明、及时、有效的，但是在国际层面还有差距，这也体现在中国石化的这次传播实践上。同时我们也看到，我国人民虽然众志成城、团结一致，但世界上仍然有许多于我们不利的不和谐声音，许多是缘于不了解，加强国际传播也正是我们传播工作要努力的方向。企业传播有其独特优势，也可多在这方面发挥作用。

从某种意义上讲，国家形象是抽象的，但一个个企业的形象是具体的，正是千万个企业、团体、个人的形象，组成了国家的形象，企业要主动追求国际传播效果，不断扩大朋友圈，增加话题权，提升美誉度，以全面、真实、立体地呈现我们的国家形象。

重大公共事件中，人民群众往往是焦虑的，但我们媒体人、传播者不能焦虑。我们更需要静下心来思考，把故事讲好，把道理说透，真正让国家满意、让人民放心。

是为序。

王国庆

中央对外宣传办公室（国务院新闻办公室）原副主任

第十二届全国政协外事委员会副主任

自 序

2020 年必将是许多人一生中难忘的一年。谁也没有想到，一场新冠肺炎疫情会席卷全球；谁也没有想到，百年未有之大变局这么沉重地摆在我们面前。但是，让我们无比自豪的是，英雄的中国人民在这场大战大考中，团结一心、众志成城，取得了举世瞩目的抗疫成就。

作为“国家队”的一员，中国石化的战“疫”过程同样值得大书特书。“大战”当前，中国石化围绕“三大责任”，做了三件大事。

第一件事是不讲条件、不惜代价，全力扩产、转产医疗卫生物资。为了给奋战一线的医护人员提供防护“铠甲”、让社会公众多一层保护，我们用了 12 天建成第一条熔喷布生产线；用了 76 天，从无到有建成全世界最大的熔喷布生产基地。

第二件事是筑牢后盾、创新服务，全力保障油品、商品市场供应。中国石化承诺“油品不断供、商品不涨价、服务不打烊”。湖北石油分公司1800余座加油站、5300余名一线员工勇做“逆行者”，全力保障应急救援油品供应。全国200多个城市7000多座加油站，开展蔬菜销售业务。全国的3万多座加油站实现无接触“一键加油”。

第三件事是敢打头阵、冲在前面，率先复工复产、高质高产。即便是在疫情最严重的时期，中国石化各业务板块都保持平稳运行，做到了勘探不停钻、开发不停井、装置不停工、销售不停业。2020年3月初开始，中国石化实现了100%全面复工。

从疫情开始，中国石化就非常重视新闻传播同步跟进。我们认为，传播是以一种特殊的方式来抗疫。如果说疫情当前，医护人员是战“疫”第一线，中国石化炼化厂、加油站等全国生产服务企业是战“疫”第二线，那么我们的新闻传播工作者就是战“疫”第三线。正月初三，即疫情初期，中国石化党组宣传部就成立了思想引导组、新闻宣传组、驻鄂企业宣传组等工作小组，协调行动；制定下发了《关于做好疫情防控宣传教育和舆论引导工作的通知》和《关于印发〈近期海外宣传工作的有关要求〉的通知》，动员全系统宣传战线力量，扎实有效地做好思想教育、舆论引导和心理疏导等各项工作。

在国家所急、民众所需的关键节点上，我们宣传战线的同志与企业行动“零时差”，主动参与策划，不间断发布“中国石化决定速上10条熔喷布生产线”等高质量新闻通稿60多篇。官方自媒体同步跟进，发布“我有熔喷布，谁有口罩机？”“我有易捷店，谁有滞销品？”等有影响力的微博 1300 条；短短三个月的时间，30 篇微信公众号文章阅读量达到“10 万 +”，16 条短视频单篇播放量超过 1000 万次，30 条短视频单篇播放量超过 500 万次。另有 17 条新闻被央视新闻联播采用，创造了中国石化传播新纪录。

作为中国石化新闻宣传战线的一名老兵，我也是中国石化抗疫工作的参与者、见证者和记录者。几个月前，看到抗疫工作取得了阶段性胜利，我就在想，应该把这些战“疫”过程中的新闻作品和一些思考做些整理，汇集成册，留作资料。在收集素材的过程中我发现，抗疫新闻事件的传播过程，有太多问题值得思考，有太多经验值得总结，有太多规律值得研究。重大公共事件中，如何做好企业的责任引导、责任传播？如何建立新的公共关系、塑造企业的公共形象？借助“高光时刻”，企业应该传递什么样的价值理念？如何做才能让传播更具价值？……这些宣传成果，是重要的历史，值得留存下来给后来者以借鉴。就这样，一边实践、一边研究，一边思考、一边总结，慢慢地有了眼前这本书。这可能是市场上较早的一本抗疫实践型总结成果集。

用“价值传播”作为书名，是因为我们通过“传播价值”实现了“价值传播”。听起来有些绕口，简单说，就是这个阶段轰轰烈烈的传播工作，确实产生了实实在在的价值。

我们的传播，展现了制度优越的政治价值。“我有熔喷布，谁有口罩机？”“哪个环节薄弱就加强哪个环节，哪种资源不足就生产哪种资源”“口罩能多快生产就多快生产，能生产多少就生产多少”“让人民买得到口罩、买得起口罩”——这些耳熟能详的口号，今天听来，仍让人热血沸腾。包括中国石化新闻宣传工作者在内的全国宣传战线的同志们，把一篇篇荡气回肠的文章、一幅幅震撼人心的画面，传递到世界各个角落，给焦虑、彷徨的人们以感动和信心。

经过抗击疫情斗争的考验，中国共产党全面领导的优势更加彰显，以人民为中心的执政理念更加彰显，社会主义集中力量办大事的优势更加彰显，全国人民齐心战“疫”的磅礴伟力更加彰显。当全国人民逐渐走出疫情的阴霾，思想达到了前所未有的高度一致，对中国共产党领导地位和社会主义制度优越性的认识更加坚定，对党中央、总书记的信任更加坚定，对中国取得抗疫最终胜利的信心更加坚定，对“四个自信”更加坚定，对实现中华民族伟大复兴的光明前景更加坚定。

我们的传播，塑造了国资央企“中流砥柱”的形象价值。在疫情防控中，熔喷布、口罩机的生产所折射出的央企效率，火神山、雷神山医院的建设所反映出的央企速度，核酸检测试剂盒研制、疫苗研发所体现出的央企能力，逆行而上，保卫湖北、保卫首都所彰显出的央企精神，这在以前都是鲜为人知、鲜为人道的。我们做了这些深入人心的传播，既展示了中央企业“压舱石”“主力军”的作用，又大大提升了国资央企在人民群众心目中的形象。我的印象里，2020 年在公众心目中，国资央企的品牌形象最好。

曾几何时，社会上充斥着各种反对国资央企的声音，每提到国资央企，就是各种负面标签。这其中既有许多央企“只干不说、多干少说”的传统原因，也有宣传工作不到位的原因。结果就是人民群众不了解国资央企，进而不断产生误解、误会、误导。而这次疫情的宣传打破了传统，一方面国资央企集中发力，勇于担起一个又一个艰难的抗疫重任，形象得以集中展现；另一方面，媒体和企业自身的宣传力量，在“做”与“说”之间，找到了平衡点，传递了国资央企客观、真实的形象，使受众感受到了中央企业的重要作用，领略到了“大国重器”的风采。就中国石化而言，2013 年舆论中性和好评率仅 57.4%, 而 2020 年一季度，这一数据达到创纪录的 97.8%。

我们的传播，还凝聚了企业员工众志成城的精神价值。多难兴邦，我们在历史上经历过无数磨难，每到这种危急关头，中华民族勤劳勇敢、自强不息的精神，就会迸发出来，形成全民族巨大的团结合力。我们从来不会被压垮，总是愈挫愈勇，不断在磨难中成长、从磨难中奋起，不断达到新的高峰。

2020 年我们的传播正面而有力，激扬了广大干部员工的士气，激发了国企员工的荣誉感和责任感，“生命至上、举国同心、舍生忘死、尊重科学、命运与共”的伟大抗疫精神深入人心。境内外的广大员工不断给我们留言，表达了对国家、对企业的热爱，表明了投身生产、参与抗疫的决心和勇气。我们可以看到，在抗疫一线、复工复产一线，到处都是党员突击队冲锋在前，到处都是“学习火神山”的豪言壮语，到处都洋溢着比学赶帮、攻坚创效的氛围。通过宣传，员工的精神气和战斗力得到显著提升。2020年年初，面对疫情和低油价的双重压力，中国石化干部员工化压力为动力，迎难而上、攻坚创效，取得了好于预期、跑赢大市的经营业绩。

有硬实力的底气，才有软实力的传播。没有高质量的生产，就没有高水平的传播，两者相辅相成。中国石化党组书记、董事长张玉卓同志多次提出，工作既要做好，也要说好。这给予了我们宣传战线的同志以极大的鼓舞和工作指引。

现在回头总结，无论是从数据上还是感性上来说，我们的抗疫传播确实是有价值的传播，有数量、有质量、有效果。这80天，报道数量非常多，将能源保供、稳定物价、跨界转产、捐赠物资等不同阶段的抗疫行动打造成热议话题，中国石化抗疫工作相关新闻（资讯）总量53510篇（条），微信公众号报道近7000条，官方抖音、快手短视频408条，总收视量5.5亿多人次；策划了有影响力的报道，人民日报《中石化的三次跨界》，新华社《倾我所有 尽我所能——中国石化战疫复工记》，登上《焦点访谈》《经济半小时》和《对话》栏目，使中国石化持续维持较高关注度；传播效果比较直观，通过官方微博发布“我有熔喷布，谁有口罩机？”，收获1000多万人次点击，2.6万次转发，3小时内锁定合作伙伴，次日即落实了11条口罩生产线，被誉为“中国石化体”现象级传播，既服务中心工作，助力快速转产，又引起外界高度关注和上级点赞，提升了企业美誉度。

这本书，核心内容是价值传播“术”。第一章从顶层设计和整体策略上，表达在重大公共事件中，怎样看待企业传播；第二至四章，是我认为比较精彩的内容，将中国石化抗疫期间，如何策划才能做到价值引领，渠道、产品如何组合才能做到传播效果最大化，以及“中国石化体”现象级传播的部分经典案例的策划过程，都一一呈现；第五章，是“九热一冷”的再思考。

怎么读这本书？这本书不长，图文并茂、兼顾视频，无论是工作之余的闲暇，还是出差路上，或是睡前，都可以快速将其读完。如果读者想看得淋漓尽致，可以直接从第二章开始阅读，或是把喜欢的传播实录直接从目录里挑出来读。如果各位读者想深入研究中国石化抗疫的话题，请点击书中最后的二维码，那里有我们抗疫以来形成的所有文字、图片、视频，可供各位参考或作为案例研究。从中如有些许收获，吾心甚慰。

当前，我们仍没有彻底战胜疫情。对疫情期间传播工作的研究也刚刚开始。本书必然会有不少纰漏和不足，恳请专家和读者批评指正。

我相信，“价值传播”是一篇没有穷尽的大文章，需要更多的实践者和研究者，赋予它更加丰富和深刻的内涵，让我们的新闻宣传工作更有方向，能够创作出更多有思想、有温度、有品质的优秀作品，能够更好地记录历史，指引后人。

是为序。

吕大鹏

2021 年 1 月 15 日于北京

目 录

01 第一章 重大公共事件中的企业价值传播

02 第二章 价值议题引领：“他想”与“我说”

03 第三章 渠道、产品与内容，价值传播效益最大化

04 第四章 传播实录，激活价值传播六大技法

01

第一章

重大公共事件中的企业价值传播

重大公共事件是公众感知国家形象和企业形象的重要窗口。国家形象是抽象的，而企业形象是具体的。在重大公共事件中，公众往往对处于国民经济命脉、具有“国家队”身份的央企有着特定期待。在关键时刻能否冲得上、打得赢，能否勇于承担社会责任，这些都已成为社会关注的重点。同时，这也恰恰是企业价值的体现和输出、树立良好形象的机遇。

2020 年新春伊始，新冠肺炎疫情肆虐全国。抗疫初期，口罩成为市场上最紧俏的商品，而在整个生产口罩的产业链中，作为原材料的熔喷布也一时成为紧俏物资。为保障市场供应，稳定市场情绪，中国石化于 2 月 6 日下午在其社交自媒体账号上发布相关消息——“我有熔喷布，谁有口罩机？”——引起社会强烈反应。消息中提及的易派客企业联系人的电话被热心网友和厂商打爆。与此同时，“我有……谁有……”成为中国石化贯穿“抗疫保供”传播的核心流行语。自此，中国石化抗疫系列主题传播正式拉开帷幕。

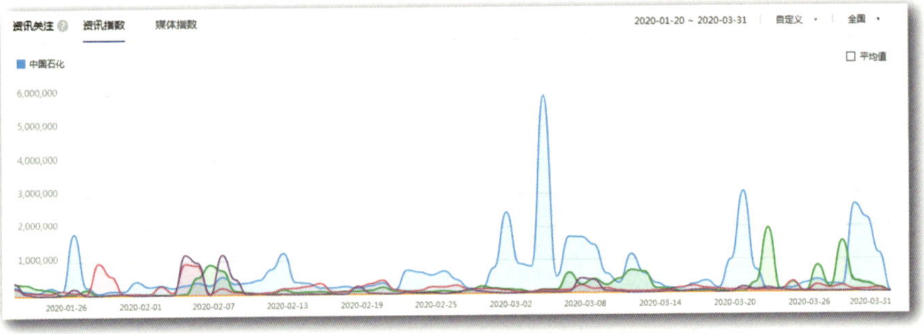

2020年一季度中国石化新闻以抗疫为主要内容的宣传影响力，
在中央企业中处于明显领先位置（蓝色曲线）
资料来源：百度指数。

据统计，2020年中国石化相关新闻28次登上央视《新闻联播》栏目、1次入播《焦点访谈》栏目、2次参加《对话》栏目。疫情期间各大网络平台不间断发布“中国石化决定速上10条熔喷布生产线”等新闻通稿73篇，全网累计报道转载超过2万条。“为了口罩，我们拼了”等78篇微信文章关注人数达到“10万+”；“熔喷布生产线是怎么建成的”等32条短视频单篇播放量超过1000万次。仅在国内疫情最为焦灼的2月，有关中国石化战“疫”工作的网络新闻报道量就达到2万多篇，微信公众号报道近7000条，微博讨论10万条，被人民日报、新华社、中央广播电视总台等主流媒体持续关注并转发，产生良好的社会影响。网友纷纷评论：“关键时刻展现了中央企业的担当！”

2020年一季度，中国石化网络报道信息超过32万篇，媒体报

传播界的“奥斯卡”，中石化一下拿了俩！

中国石化 9月30日

2020年度SABRE亚太区域品牌和声誉管理杰出成就奖（SABRE Asia Pacific）近日揭晓。中国石化因疫情期间发起“**我有熔喷布，谁有口罩机**”合作伙伴寻找行动，跨界打通口罩全产业链，76天从无到有建成全球产能最大的熔喷布生产基地，全力以赴支援战疫，分别获得“工业化学品行业”及“能源和自然资源行业”**两项品牌和声誉管理杰出成就奖项**。

中国石化获两项品牌和声誉管理杰出成就奖
资料来源：中国石化官方微信。

道好评率达到97.8%，负面信息占比仅为2.2%，同比2019年下降2.9个百分点。不仅获得了中央领导、国家相关部委、地方政府的赞誉，还赢得了百姓的好评。2020（第十四届）中国品牌节年会授予中国石化“抗疫致敬品牌企业奖”。海外声誉上，还斩获两项国际大奖，即被誉为传播界的“奥斯卡”——2020年度SABRE亚太区域“工业化学品行业”及“能源和自然资源行业”两项品牌和声誉管理杰出成就奖。

中国石化独特鲜明的抗疫传播，在偶然事件中体现了传播决断的必然，同时也引发了思考。疫情防控期间，新闻宣传正向引导的作用明显，对公司品牌美誉度的贡献明显。在好评的背后，有何奥秘？在社会重大公共事件中，企业的定位是什么？如何通过主动的对外信息输出升华企业价值，增进社会公众的认同感？

第一节

重大公共事件是塑造企业价值的关键时机

作为企业的战略资产，企业价值不仅是代表企业盈利能力和发展潜力的硬指标，也是反映企业品牌形象和公众口碑的软实力。

长期以来，企业价值多以知名度的方式体现。随着此次新冠肺炎疫情的暴发，企业在抗疫斗争中的社会责任越发引人关注，公众口碑等软指标地位越发凸显。企业以践行与表达其社会责任为主要内容的核心价值体系的构建与对外传播，既符合国家要求和人民期待，也符合时代特征和历史使命。

一、引领价值观念，回应时代呼唤

改革开放以来，我国经济持续快速增长[①]，经济增速在全球范围

①1978 年我国 GDP 总值只有 3679 亿元，而 2020 年我国 GDP 总值已经突破 100 万亿元大关，人均 GDP 超过 1 万美元，经济规模跃居世界第二位。

名列前茅，辉煌成就举世瞩目。在经济建设主战场上，央企、国企发挥着中流砥柱的重要作用，为国家经济腾飞提供强劲动能，为改善人民生活提供优质服务。然而，与其创造的巨量物质财富不相称的是，改革开放以来，央企、国企在丰富精神生活、引领价值观念上却相对滞后；在塑造公共形象、传播企业文化上相对欠缺，“硬实力够硬，软实力不软”的问题仍旧存在。

很多央企、国企，担负着国计民生的重要责任，并为我国经济发展做贡献，与我国经济命脉紧密相连，创造了丰富的企业价值。但企业形象建设及文化传播还存在一定的滞后性，传播效果和公众美誉度不及企业发展速度，与自身经济实力不匹配。因此，央企、国企也应思考，在继续创造物质财富的同时，如何更多地承担起精神文明建设的任务，以补足软实力建设“短板”，回应社会发展的时代呼唤。

二、跨越“价值认知鸿沟”，消弭感知偏差

企业价值的大小，不仅在于创造价值的多少，也在于社会认知程度的高低。企业价值存在真实价值和认知价值两个层面[①]，能否跨越价值认知的鸿沟，消弭社会感知的偏差，关键在于能否实现企业价值的有效传播。

① 传播学“拟态环境”理论认为，由于大众媒介的作用，人们感知的环境并不是对客观世界镜子般的再现，而是经由媒介选择、加工及传播后的“拟态环境”，所以与客观世界之间存在偏差。

多数行业龙头、大型央企、国企都奋战在国家经济建设的关键领域，承担着国计民生的重要责任，创造了丰富的企业价值，然而，被社会认知和被公众接受的却相对较少。因此，开展价值传播也就成为央企、国企加深社会认知、实现公众认可的迫切需要。

三、企业价值体现与输出的窗口时机

在重大社会事件中，公众对国有企业有着特定期待。赢得社会广泛赞誉的标准，已经不是盈利能力，而是在关键时刻，国有企业能否冲得上、打得赢，能否勇于承担社会责任。这恰恰也是体现和输出企业价值、塑造企业品牌的机遇。

疫情期间，作为世界500强排名第二的央企，中国石化不计得失，勇于承担社会责任，提出了“国家需要什么就生产什么，人民期待什么就奉献什么，一切为了国家的需要和人民的期待”。从油气保供、转产医卫物资、资金捐赠，到跨界生产口罩、熔喷料保供、蔬菜生鲜售卖，中国石化“倾我所有、尽我所能”，以超强的执行力完成一系列抗疫行动，直接赋予企业品牌新的价值。不仅体现了企业的硬实力，而且诠释了“为美好生活加油”的企业使命，为品牌塑造注入了新动力。“2020中国品牌价值评价信息”显示，中国石化品牌价值2991亿元，位居能源化工行业第一、全国第二。在抗疫中有突出表现的“易捷”“易派客”的品牌价值也得到显著提升。

中国石化品牌价值排名
资料来源：中国石化微信公众号。

四、履行责任与担当是塑造企业价值的捷径

近年来，越来越多的企业设立了社会责任委员会，定期发布社会责任报告，这些都反映出企业对社会责任的重视，对公共形象的关注。企业在日常经营中肩负着经济责任与社会责任。当社会重大公共事件发生时，企业应协调两者之间的关系，在经济能力可以承受的情况下，把社会责任放在第一位。

特别是2020年年初，新冠肺炎疫情的暴发使社会公众对企业价值的认知大幅改变。在社会秩序受到冲击、公众心理出现恐慌的情况下，企业的经济价值退居二线，美誉度迅速提升，成为塑造企业形象的首位因素。在此次疫情中我们看到，赢得社会广泛赞誉的不是效益增长最多的企业，而是生产医疗器材、负责疫苗研发、提供公共服务的企业。

在疫情防控阻击战中，中国石化也在国家需要时勇于担当，不计利益得失，迅速转产增产医疗物资。在短短 1 个月的时间内打通了口罩生产链，布局了加油站销售口罩和蔬菜，这次“跨界”制造有效提升了企业形象，为后疫情时代企业价值的传播打下了坚实基础。企业的一言一行都在向整个社会传递着企业的核心价值观。这也是赢得公众信任和支持、获得企业品牌的一条捷径。

第二节

价值传播策略：把握重大公共事件，彰显企业担当

企业的价值传播是立足企业发展百年大计的长期规划，是关乎企业未来发展潜力的软实力建设。如果营销传播是为了让企业“走得快”，那么价值传播就是为了让企业“走得稳，走得远”。

价值传播既不是做广告投放，更不是做公关活动，而是企业在社会生态中对自身价值观的践行和输出，是对社会责任的自觉担当。尤其在社会重大公共事件中，企业的一言一行都在向整个社会传递企业的核心价值观，并优化企业形象。

战“疫”中的企业价值提升
资料来源：中国石化官方微博。

重大公共事件是企业价值体现和输出的“放大器”。有效进行“价值传播”与“传播价值”，需要企业从思想认识上寻求战略转变、从实践操作上谋求策略创新，处理好以下四个关系。

一、明确危与机：直击“口罩危机”核心矛盾，一鸣惊人

社会重大公共事件不但影响社会的正常运转，而且企业作为其

中一员，也面临极大的挑战。新冠肺炎疫情期间，纾困中小企业、促进复工复产，成为国家政策层面稳定经济运转、维护社会安定的核心工作。

行业龙头企业不但是经济发展的风向标，更是产业链稳定的基石。在“自救”中发挥自身产业链价值，推动党中央层面核心工作的开展，既是企业的政治责任、经济责任与社会责任的综合体现，也是企业转危为机、输出企业价值的最好时机。

以发展的眼光正确看待危机、科学应对危机，是企业在社会生态中谋求持续生存的必备技能。不惧怕危机、不逃避危机，在危机中求发展，在危机中寻突破，更是大型国资央企应具备的基本素养。

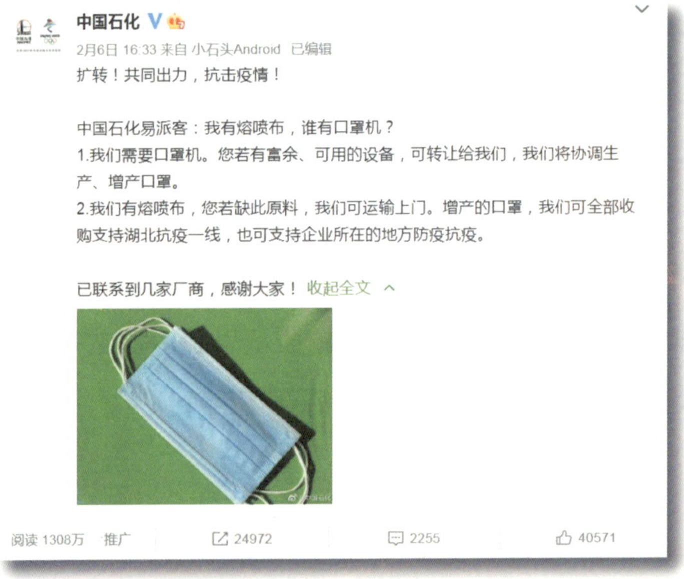

品牌价值的宣传：“我有熔喷布，谁有口罩机？”
资料来源：中国石化官方微博。

1. 在重大公共事件中“挺身而出”，是大型国资央企践行企业社会责任的必然担当

越是在危机时刻，作为央企及大型行业领军企业，就越要发挥自身优势，实施企业解决方案，释放企业于社会、行业中的价值，体现央企的引领性和责任感。

2020 年“企业责任指数”榜单排名
资料来源：搜狐网。

以中国石化为例，除了常态化的公益品牌项目以外，在扶贫攻坚战，尤其是抗疫战斗等重大事件中，积极发挥“国家队”的先锋示范作用，关键时刻“顶得上、顶得住”，响应快、行动快、效果

好，从而获得了社会公众的广泛好评。例如，在国家和人民需要时，中国石化勇于担当、主动作为，不计利益得失，迅速“跨界”转产医疗物资、销售蔬菜，切实解决群众面临的急难问题。最新发布的2020年“企业责任指数”显示，中国石化位列行业第一名、总榜单第五名。

2. 在危机中彰显企业价值，是对企业形象的实力“圈粉”

突发事件往往事关国家利益和人民生命安全，极易引发全社会的高度关注。舆情被快速引爆、情绪反复震荡、群体态度极化、网络道德审判等现象比比皆是，这一切都使重大突发事件在公众意见、态度的形成过程中发挥了“放大器”的作用。

公众对在重大突发事件中有担当、负责任的企业的具体行动会迅速形成焦点议题，并在整个舆论场中迅速扩散。尤其在新冠肺炎疫情期间，无论是捐钱捐物，还是投身一线救援，无论是迅速转产生产抗疫物资，还是坚守一线工作岗位，只要在抗疫过程中通过发挥自身资源优势做出贡献的企业，公众都纷纷为其点赞，并用自己的网络语言赋予它们亲民化的企业形象联想。

而且，企业通过在危机事件中进行价值输出，也会成功“圈粉”，为企业美化了形象、优化了声誉。本着“国家需要什么，就生产什么，人民期待什么，就奉献什么，一切为了国家的需要和人民的期待”的理念，中国石化在本次疫情危机下，迅速发掘出核心矛盾——口罩产供矛盾，并充分利用其作为国内最大医卫原料供应

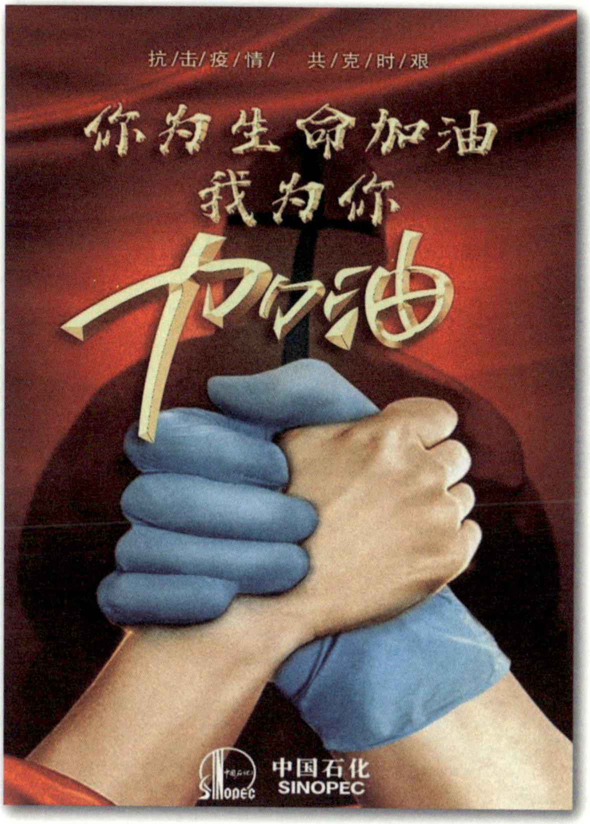

今起，中国石化为雷神山医院救护车免费加油！
资料来源：中国石化微信公众号。

商的产业链优势，找到突围之路，发出“我有熔喷布，谁有口罩机？”的招募，后期又借势开展围绕口罩生产、销售、产业链帮扶等的一系列传播，在危机中打开局面。不但以实际行动助力抗疫，而且唱响了企业在重大公共事件中的责任与价值，从而一鸣惊人。

口罩背后的中国制造

资料来源：央视财经《对话》。

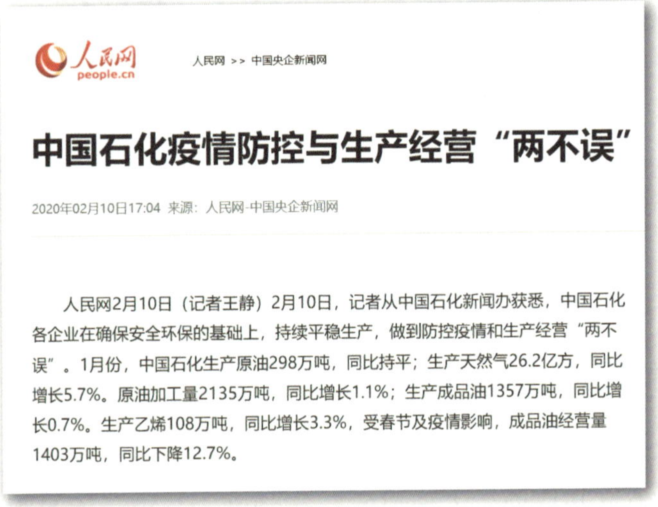

人民网 people.cn　人民网 >> 中国央企新闻网

中国石化疫情防控与生产经营“两不误”

2020年02月10日17:04 来源：人民网-中国央企新闻网

人民网2月10日（记者王静）2月10日，记者从中国石化新闻办获悉，中国石化各企业在确保安全环保的基础上，持续平稳生产，做到防控疫情和生产经营“两不误”。1月份，中国石化生产原油298万吨，同比持平；生产天然气26.2亿方，同比增长5.7%。原油加工量2135万吨，同比增长1.1%；生产成品油1357万吨，同比增长0.7%。生产乙烯108万吨，同比增长3.3%，受春节及疫情影响，成品油经营量1403万吨，同比下降12.7%。

疫情下，中国石化防控生产“两不误”

资料来源：人民网。

二、把握说与做：实现传播与行动“零时差”

无论是“价值传播”还是“传播价值”，我们不难发现这其中包含着两个关键词——“价值”和“传播”。其中，“价值”是根本、是内容，具体表现为企业在实际行动中做了什么；“传播”是手段、是渠道，具体表现为企业在宣传中说了什么。

人民日报：中国石化践行社会责任 助力高质量发展

文章来源：人民日报　发布时间：2020-04-20

中国石化
SINOPEC

中国石化
践行社会责任　助力高质量发展

中国石化践行社会责任，助力高质量发展
资料来源：人民日报。

做是说的前提条件，只有做好了才能在说的时候“有事可叙、有情可讲”；说是做的外显表达，只有说好了才能让做“事半功倍、达成共识”。

要想达到“既要做得好，还要说得好”的整体效果，不是某个部门、某次活动就能解决的问题，而是需要企业从上至下，各职能部门密切配合的系统化工程。

> 中国石化新闻发言人吕大鹏
>
> “做到了，没说好”，就可能产生缺憾；“没做到，说过了”，就可能产生假新闻；“做得好，说得好”，才是新闻宣传工作者的最大追求。

1. 在思想层面统一认识、达成共识

这就要求企业高层能从战略高度思考价值传播的作用与意义，在思想意识上形成高度统一，搭建价值传播工作的中枢指挥系统，以保证价值传播工作的方向有指引、策略有依据、落实有保障。

如新冠肺炎疫情期间，作为国有重要骨干企业，中国石化第一时间响应、第一时间行动、第一时间落实，向全石化系统吹响战“疫”集结号，建立决策高效、运转协调的指挥体系，细化防控措施的落实工作，在全力维护员工生命安全和身体健康的基础上，动员广大干部员工投身抗击疫情、防疫物资保供和复工复产的各项任务中，在大战大考中发挥了中央企业的“国家队”“顶梁柱”作用。企业高层战略层面的统一指挥和思想引领，为中国石化在疫情期间的价值传播工作指明了具体方向，并提供了切实保障。

当前为 2020年04月08日 星期三 发刊之 学习时报

理论网 cntheory.com

往期回顾　返回目录

凡引用、复制、转载、摘编或以其他任何方式使用本报内容时请注明来源为“学习时报”

请输入关键字查询　一键搜索

听党号令 为国担当在战疫情稳经济中勇当排头兵

中国石油化工集团有限公司党组书记、董事长 张玉卓 字数:3087

面对突如其来的新冠肺炎疫情，党中央发出了打赢疫情防控人民战争、总体战、阻击战的动员令。中国石化党组先后召开 16次党组会暨疫情防控工作领导小组会，每次都把学习贯彻习近平总书记关于疫情防控、复工复产、统筹推进疫情防控和经济

听党号令　为国担当——在战疫情稳经济中勇当排头兵
资料来源：学习时报。

2. 在行动层面上下联动、部门协同

价值传播的“做”和“说”往往是由多个部门协同联动来完成的，尤其在重大公共事件发生后，企业要在事件中发挥什么作用、具体完成什么任务，通常是由企业的一线工作人员来完成的。例如，在新冠肺炎疫情期间，中国石化如果迅速转产生产医疗物资，就需要物资供应部门、生产部门、财务部门、人事部门协同配合，才能做到快速反应、快速行动、快速见效。

“做得好”的同时，还需要负责“说”的宣传部门随时跟进，24 小时待命，以便做到传播与行动的“零时差”。企业一旦做了什么，就要第一时间让公众知晓、让公众认同、让公众共鸣。“做”

与“说”的“零时差”追求的就是宣传工作的时效，只有在“做”的同时“说”出去，才能跟上当时当地、此情此景的节奏，形成整个舆论场的共振，取得对外价值输出的最佳效果。

3. 在执行层面全力以赴、寻求创新

所有的战略规划和策略制定，最后都离不开精细化的执行，只有一以贯之的执行力，才能保证设计的蓝图不走样，具体的策略能落地。

具体到价值传播的环节，就要求在“做”的部分全力以赴、精益求精。例如，在新冠肺炎疫情期间，中国石化在口罩产业链中原本是上游聚丙烯原料的生产者，为了保障中游熔喷布价格稳定和下游口罩产品的质量和供应，中国石化决定打通产业链，全面介入熔喷料、熔喷布和口罩生产中，实现“跨界”支援。2020 年 2 月 24 日，中国石化决定投资约 2 亿元，快马加鞭地建设 10 条熔喷布生产线，助力口罩生产。3 月 9 日，中国石化再次作出决定，继续增加 6 条熔喷布生产线，增加每天 12 吨熔喷布产能，于 5 月底全部投产。

具体到“说”的层面，就需要宣传工作打破传统的传播意识，创新传播思维和传播路径，用互联网思维撬动网络传播的刷屏效应，在新媒体传播中寻找网络舆论的热点、痛点和痒点。例如，打造抗疫期间的“中国石化体”，赋予“蛋蛋的油商”“油卖菜”等热词以石化人的“新词心意”，使中国石化一度成为“网红”央企。

人民日报图文数据库（1946-2020）

生产线 开工了

《人民日报》（2020年03月09日 06版）

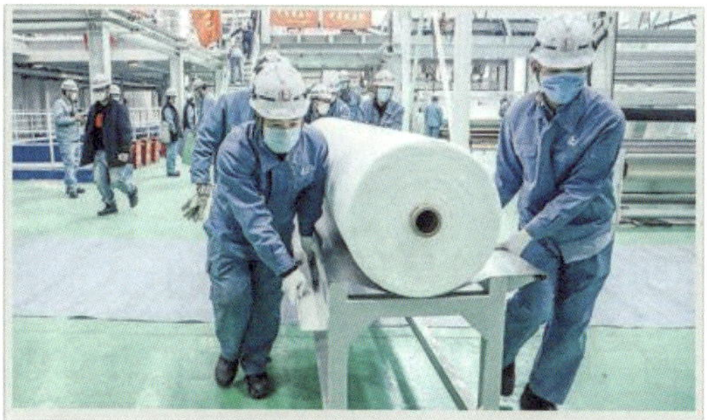

3月7日，工人在北京燕山石化厂房内搬运刚刚产出的医用平面口罩熔喷布。

3月6日，由中国石化和国机恒天集团合作建设、年设计生产能力14400吨的北京燕山石化熔喷无纺布生产线一次开车成功，每天可生产4吨N95口罩熔喷布或6吨医用平面口罩熔喷布。

中国石化燕山石化熔喷布生产线一次开车成功
资料来源：人民日报。

三、立足供与需：打造企业新闻通讯社，做精准有效传播

宣传工作既不是企业的自说自话，更不是信息的单向灌输，而是在对受众心理和需求精准洞察之下的双向互动与情感共鸣。因此，新闻宣传工作一样需要树立供需观，确定企业所说的就是公众想要听的，并且能让公众听得懂、易感染、愿分享。

基于此，中国石化将企业新闻办公室定义为沟通企业与外界的桥梁，将其定位为“企业新闻通讯社”，履行着新闻通讯社的重要职

能。除了要在中国石化系统内部完成新闻发布以外，还要整合新闻资源，从发起策划、统筹协调、新闻加工到渠道传播，建立对外高效的信息发布机制。在抗疫宣传中实现“全渠道、全时段、全话题”，高频发声，获得正面发声的“量”与传播效果的“质”并重的传播效果。

1. 议题甄别——你所说的，恰是受众想听的

在重大事件中，一定存在社会热点关注的议题，针对热点议题和人民关切的议题，第一时间给出解决方案和进行信息释放，有效填补信息空白，呼应公众情绪需要。同时，针对持续议题进行系列新闻的策划，做到分阶段、分解式传播，按照节奏不断释放后续发展动态、关键节点事件，以维持话题热度。这样的议题才是人民群众需要的议题，才是有效的议题。

2. 渠道布局——你所说的，恰能触及目标受众

随着媒体碎片化和颗粒化进程的推进，以往传统强势媒体“包打天下”的传播渠道建设已经无法适应现代媒介生态的变革。现阶段的传播渠道布局需要企业建立一个全平台、全媒体、全过程、全覆盖的立体化传播矩阵，可以根据不同的传播目标、不同的传播内容、不同的传播受众选取不同的传播渠道组合。例如，中国石化总结出“时效靠微博，深度用微信，感性发视频，互动开直播”的渠道组合方法论，帮助企业在众多信息中脱颖而出，成功突围。

中国石化坚守抗疫保供一线
资料来源：中国石化微信公众号。

3. 形式创新——你所说的，恰是受众喜闻乐见的

互联网时代的传播，由于受众已经不仅是信息的接受者，更是新的传播者，是企业信息对外扩散的重要节点，所以企业的传播不仅要让受众听得懂，更要让受众被感染并主动分享。

中国石化在疫情期间创新传播的内容形式，打造“中国石化体”特色传播，获得网友喜爱。企业结合生产实际，精心设计，先后发布了“我有熔喷布，谁有口罩机？”“我有易捷店，谁有滞销品？”

“我有医用氧，哪家医院需？”“中国石化卖菜了”等信息，引起外界高度关注并得到上级单位点赞，被誉为“中国石化体”现象级传播。不但被国务院客户端（微信小程序）、中国政府网公众号借用，还引起中央领导的关注，在舆论场引起广泛热议和受众自发性的转发。

四、打通内与外：凝聚全系统战“疫”合力

在抗击新冠肺炎疫情这场重大战斗面前，中国石化深刻认识到，必须坚持思想引领，用习近平总书记重要讲话和重要指示精神武装头脑、指导工作，才能统一思想、步调一致，打赢这场特殊的战斗。

1. 及时传达学习习近平总书记重要讲话精神，迅速把思想和行动统一到党中央决策部署上

集团党组每周一召开党组会暨疫情防控工作领导小组会，第一议题就是及时传达学习习近平总书记关于疫情防控、复工复产、统筹推进经济社会发展的最新讲话精神。学深悟透，并将其转化为具体的工作思路，对疫情防控、生产经营、安全生产、宣传引导等各项工作作出统筹安排。

2. 充分发挥内部平台“直通车”作用，把党组的声音及时传递到最基层

通过党组机关报《中国石化报》和绑定了 72 万名员工的“奋

中国石化

190 文章　39万 总阅读

查看TA的文章>

评论 0

中国石化党组部署疫情防控和生产经营工作

2020-02-06 10:09

中国石化新闻网讯 记者 宁 彬 刘江波 报道：

2月5日，中国石化党组召开学习会暨第五次疫情防控工作领导小组会议，贯彻落实2月3日在中央政治局常委会会议上重要讲话精神，研究具体措施。中国石化党组书记、董事长、疫情防控工作领导小组组长张玉卓主持并讲话。

中国石化总经理、党组副书记、疫情防控工作领导小组副组长马永生，公司领导、疫情防控工作领导小组成员喻宝才、蒋亮平、刘宏斌、赵东、凌逸群、李勇和雷典武、陈革等就贯彻落实中央重要讲话精神，全力做好疫情防控、生产经营工作做了发言。

中国石化党组防控、生产“两手抓”
资料来源：中国石化搜狐号。

进石化”内部微信平台，及时刊发公司党组对疫情防控、复工复产等工作的决策部署；大力宣传抗击疫情、坚守岗位的典型事迹，刊发相关信息超过 1300 条，阅读量超过 1700 万人次。动员基层企业充分利用自有媒体平台和手机端、LED 屏、宣传栏等阵地，广泛开展防疫知识宣传教育。以此调动干部员工“战疫情、保生产、保安全”的积极性、主动性，增强干部、员工战胜疫情的信心和决心。

3. 充分调动全系统宣传力量，有力有序开展宣传引导工作

2020 年 1 月 27 日，公司党组宣传部成立了思想引导组、新闻宣传组、典型选树组、驻鄂企业宣传组等工作小组，各司其职、协调行动，有节奏地发动宣传。同时，制定下发了《关于做好疫情防

控宣传教育和舆论引导工作的通知》和《关于印发〈近期海外宣传工作的有关要求〉的通知》，动员全系统宣传战线力量，坚守岗位，扎实有效地做好思想教育、舆论引导、心理疏导等各项工作。驻鄂企业宣传战线的同志深入前方、拼搏奉献，把镜头和笔墨瞄准基层、瞄准一线，做好“上情下达、下情上达”，稳定了“军心”。

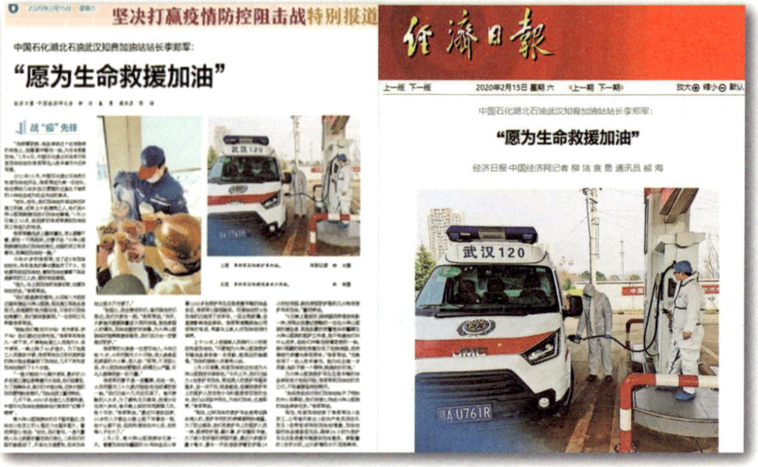

坚决打赢疫情防控阻击战特别报道

中国石化湖北石油武汉知音加油站站长李郑军：

“愿为生命救援加油”

战“疫”先锋

经济日报

上一版 下一版 2020年2月15日 星期六 《上一期 下一期》

中国石化湖北石油武汉知音加油站站长李郑军：

“愿为生命救援加油”

宣传典型——知音加油站站长李郑军
资料来源：经济日报。

延展阅读：对新闻工作的认知，决定宣传成效

上下有宣传共识，让新闻说得顺

企业新闻的“供应商”——企业，新闻宣传工作做得好不好，不仅取决于企业文化，还取决于企业对新闻工作的认知。对宣传工作的认知决定了宣传成效。只有上下同心，才能形成宣传合力，打造舆论声势，营造良好氛围。

中国石化党组对此认识非常明晰。公司党组认为，在抗击新冠肺炎疫情这场重大战斗面前，必须坚持思想引领，用习近平总书记重要讲话和重要指示精神武装头脑、指导工作，统一思想、步调一致，才能打赢这场特殊的战斗；宣传战线必须讲好中国故事，讲好央企故事，对内鼓舞士气、激励斗志，对外展示“中国制造”和“中国速度”，展示央企良好形象和强大实力，增强全社会战胜疫情的信心和决心，才能以此充分体现

制度优势；必须强化心理干预和疏导，加强人文关怀，做好特殊时期的思想政治工作，才能激发队伍斗志，为打赢疫情防控阻击战提供坚实保障。

中国石化党组和党组主要领导直接指挥宣传工作，保证了中国石化这一时期新闻宣传工作的顺利开展。疫情伊始，中国石化就把新闻宣传工作作为一项战“疫”的重点工作来抓，及时提醒，重点关注，直接布置重大选题，层层把关重要文章。

与此同时，中国石化党组宣传部（新闻办）也有清晰的自我定位——用一种特殊方式参加抗疫。在内部动员时党组宣传部强调，疫情当前，医护人员是战“疫”第一线；中国石化炼化厂、加油站等全国生产服务企业是战“疫”第二线；宣传队伍的加油鼓劲是第三线。新闻宣传工作者只有把自己也当作战士，与前方同志协同作战，才能把故事讲好，才能打赢这场疫情防控的人民战争、总体战、阻击战。作为企业新闻宣传部门，只有迅速把全体干部、员工的思想和行动统一到党中央决策部署上，才能助力公司管理层对疫情防控、生产经营、安全生产、宣传引导等各项工作作出统筹安排。中国石化一直致力于通过宣传工作，把中央精神和公司决策层的声音及时传递到最基层，形成中国石化的统一意志、统一力量。同时，中国石化也致力于充分调动全系统宣传力量，有力有序地开展宣传引导工作。

驻鄂企业新闻宣传工作者，坚守岗位、拼搏奉献，白天赴一线采访，晚上赶写稿件到凌晨，用手中的镜头和笔墨生动地诠释了“疫情防控在哪里，央企的支持就到哪里”的庄严承诺。他们深知，湖北作为全国疫情的“风暴眼”，其疫情变化牵挂着全国人民的心。湖北驻鄂企业新闻宣传工作者的笔头、镜头，在上情下达、下情上达、沟通内外、稳定军心等方面发挥了不可替代的作用。

由此，从公司高层到一线新闻宣传工作者，不仅对新闻宣传工作的认识是高度一致的，而且分工有序、协同推进，对内提升了员工士气、鼓舞了员工斗志，对外树立了企业形象、展现了中国形象。

第三节

抗疫传播红利：核心价值理念输出

中央企业有别于其他大型企业，肩负着政治责任、经济责任、社会责任三大责任，尤其在社会重大公共事件中，市场关注其产业链作为，公众关注其价值责任的履行，国家关注其对国计民生的保障，因此央企在此时面临着巨大挑战。

核心价值理念
资料来源：中国石化官方海报。

重大公众事件中，企业既要保障自身发展不受影响，做好保值增值，又要面对社会舆论的监督，同时还肩负着保障社会正常运转的重任。但是，责任越大，企业存在的价值就越大；企业“做”得越好，就越能在危机中充分展现企业价值。因此，在重大公共事件中，企业的能动性是最好的新闻点，此时也是体现企业价值的良好时机。

一、“倾我所有，尽我所能”：政治与社会责任勇担当

中国石化积极响应国家号召、落实国资委部署，主动投身抗疫

一线，率先“跨界”转产、保供油气物资、保障民生服务，积极承担社会责任。为了给奋战在一线的医护人员提供防护“铠甲”，让社会公众多一层保护，中国石化提出“哪个环节薄弱就加强哪个环节，哪种资源不足就生产哪种资源”“口罩能多快生产就多快生产，能生产多少就生产多少”的理念。通过开足马力生产用以加工制作口罩、手术服、隔离服、输液瓶和注射器等的聚烯烃医用材料及消毒用品，尽最大努力缓解国家医疗物资紧缺局面，并信守原材料不涨价的承诺。

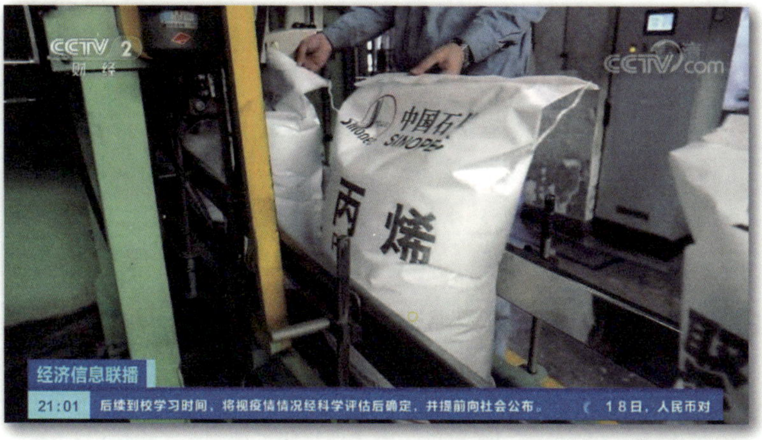

中央企业紧急生产口罩防护服
资料来源：央视财经频道。

倾我所有 尽我所能：中国石化战疫复工记

2020-03-23　□记者 李新民 北京报道 来源：经济参考报

▲3月6日，经过12个昼夜努力，中国石化北京燕山石化从无到有建成熔喷布生产线，产出合格产品。中国石化供图

中国石化战“疫”复工记
资料来源：经济参考报。

中国石油化工集团有限公司党组书记、董事长张玉卓

作为我国最大的医用化工原料生产商，中国石化要积极履行政治责任和社会责任，哪个环节薄弱我们就加强哪个环节，哪种资源不足我们就生产哪种资源，尽快助力缓解国家口罩等医卫用品紧缺的局面。

2020年2月24日在中国石化党组会议上的讲话

1. 下沉应急，原料生产者打通产业链

中国石化作为口罩产业链上游聚丙烯原料的生产者，为了保障中游熔喷布价格稳定和下游口罩产品的质量和供应，决定打通产业链，全面介入熔喷料、熔喷布和口罩生产中，实现“跨界”支援。2020 年 2 月 24 日、3 月 9 日，中国石化党组两次作出决定，快马加鞭地建设 16 条熔喷布生产线，助力口罩生产，于 5 月底全部投产。加上控股企业每天 5 吨的产能，中国石化形成每天 35 吨的熔喷布产能，成为中国乃至世界最大的熔喷布生产商。

《口罩的秘密》：2020 年 3 月 4 日，口罩原料紧张，
石化企业紧急转产生产熔喷布原料
资料来源：央视财经频道《经济半小时》。

燕山石化接到半个月建成一座熔喷布生产厂的任务后，弘扬“没有条件创造条件也要上”的铁人精神，提出“学习火神山、十二天建厂”，创造了石化速度。

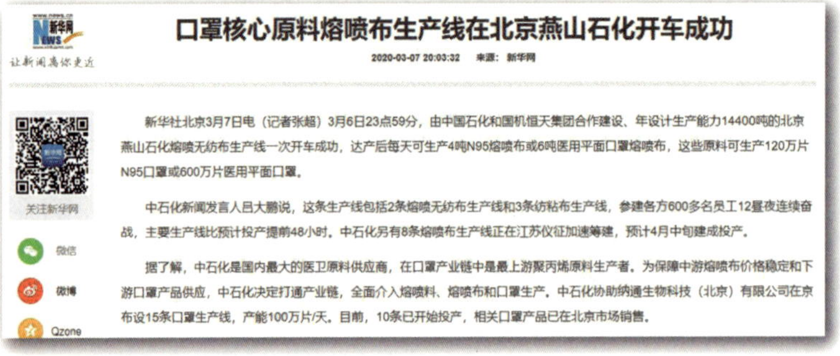

让新闻离你更近

口罩核心原料熔喷布生产线在北京燕山石化开车成功

2020-03-07 20:03:32 来源：新华网

新华社北京3月7日电（记者张超）3月6日23点59分，由中国石化和国机恒天集团合作建设、年设计生产能力14400吨的北京燕山石化熔喷无纺布生产线一次开车成功，达产后每天可生产4吨N95熔喷布或6吨医用平面口罩熔喷布，这些原料可生产120万片N95口罩或600万片医用平面口罩。

中石化新闻发言人吕大鹏说，这条生产线包括2条熔喷无纺布生产线和3条纺粘布生产线，参建各方600多名员工12昼夜连续奋战，主要生产线比预计投产提前48小时。中石化另有8条熔喷布生产线正在江苏仪征加速筹建，预计4月中旬建成投产。

据了解，中石化是国内最大的医卫原料供应商，在口罩产业链中是最上游聚丙烯原料生产者。为保障中游熔喷布价格稳定和下游口罩产品供应，中石化决定打通产业链，全面介入熔喷料、熔喷布和口罩生产。中石化协助纳通生物科技（北京）有限公司在京布设15条口罩生产线，产能100万片/天。目前，10条已开始投产，相关口罩产品已在北京市场销售。

关注新华网

微信

微博

Qzone

口罩核心原料熔喷布生产线在北京燕山石化开车成功
资料来源：新华网。

仪征化纤600多名干部、员工经过35个昼夜的连续奋战，建成了国产化率达95%的熔喷布生产线，并一次产出优等品。截至2020年4月12日，两家企业已各投产3条熔喷布生产线，日产熔喷布达14.7吨。

中国石化仪征化纤首批优质熔喷布出厂

资料来源：①中国石化仪征化纤；
②二维码来自新华网。

中国石化熔喷布建设现场快闪视频

资料来源：中国石化官方抖音号。

2. 逆行而上，全力保障应急救援油品供应

中国石化26000升柴油紧急送达 “方舱医院”

来源：光明网 2020-02-14 16:22

听

2月14日，记者从中国石化新闻办获悉，连日来，中国石化为武汉市黄陂一中体育馆、洪山体育馆等 “方舱医院” 紧急配送油品26000升。

“夏经理，黄陂区一中体育馆 “方舱医院” 马上投入运行，每天需要2000升左右柴油用于供暖供电，首批用油今天就要到位，请中国石化一定支持。” 2月11日中午，中国石化销售湖北武汉黄陂石油分公司经理夏俊接到武汉市黄陂区商务局打来的电话。

夏俊主动跟黄陂区一中体育馆负责人联系，得知该单位多年未使用过锅炉，没有储油罐、卸油泵等用油基础设备，只有临时油桶。“只用临时储油桶可不行，有很大的安全隐患，我们来想办法解决。” 夏俊说。

疫情期间，全力保障油品供应
资料来源：光明网。

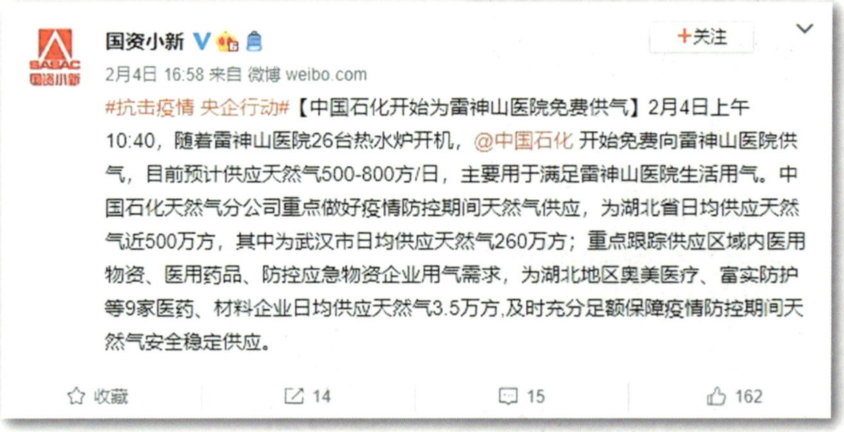

国资小新

2月4日 16:58 来自 微博 weibo.com

+关注

#抗击疫情 央企行动#【中国石化开始为雷神山医院免费供气】2月4日上午10:40，随着雷神山医院26台热水炉开机，@中国石化 开始免费向雷神山医院供气，目前预计供应天然气500-800方/日，主要用于满足雷神山医院生活用气。中国石化天然气分公司重点做好疫情防控期间天然气供应，为湖北省日均供应天然气近500万方，其中为武汉市日均供应天然气260万方；重点跟踪供应区域内医用物资、医用药品、防控应急物资企业用气需求，为湖北地区奥美医疗、富实防护等9家医药、材料企业日均供应天然气3.5万方，及时充分足额保障疫情防控期间天然气安全稳定供应。

收藏 14 15 162

中国石化为雷神山医院免费供气
资料来源：新浪微博。

疫情期间，中国石化承诺油品不断供、商品不涨价、服务不打烊。湖北石油 1800 余座加油站、1600 多家便利店坚持营业，5300 余名一线员工勇做“逆行者”，全力保障应急救援油品的供应；雷神山、火神山两大医院建成后，为所有急救车辆免费供油；武汉多家方舱医院用油告急时，紧急驰援 2.6 万升柴油，以实际行动体现了央企担当。

3. 攻坚创效，形势越严峻越不能停工

2020 年 3 月 4 日，中国石化对外宣布，除湖北个别按要求延迟复工的企业外，其他直属企业全部复工复产，复工率达 100%。其实，即便在疫情最严重的时期，中国石化各业务板块都保持着平稳运行，做到了勘探不停钻、开发不停井、装置不停工、销售不停业。从 3 月下旬开始，中国石化还进一步启动了攻坚创效行动，提产拓市、挖潜增效，产销联手、共克时艰。

二、逆境不卖苦，创新“跨界”找出路

疫情期间，全球经济下行压力巨大，产业链、供应链风险凸显，部分中小企业，甚至大型连锁企业面对这样突如其来的环境变化，生存均受到挑战。部分企业通过展现企业真实困境反映产业链突出问题，寻求各级部门的关注与扶持，以期获取帮助，渡过难关。但是，作为央企、上市公司、全球化企业，中国石化乃至同

类大型国资央企在这三重身份加持的背景下，在正确认识当前环境的同时，更需要基于自身优势开展逆境攻坚行动，要发挥行业“领头人”、产业链运转“舵手”以及社会民生基础保障供应者的作用，担起央企的经济责任与社会责任，通过创新谋增长，从而向社会、市场释放积极信号。

中国石化承诺武汉易捷便利店所有商品不涨价
资料来源：新浪微博。

1. 应社会之需，“跨界”营销打通无接触服务“最后一公里”

疫情期间，中国石化在全国各地的油品销售中，针对人们的需求变化，积极创新服务模式，使客户安心加油、便捷采购。

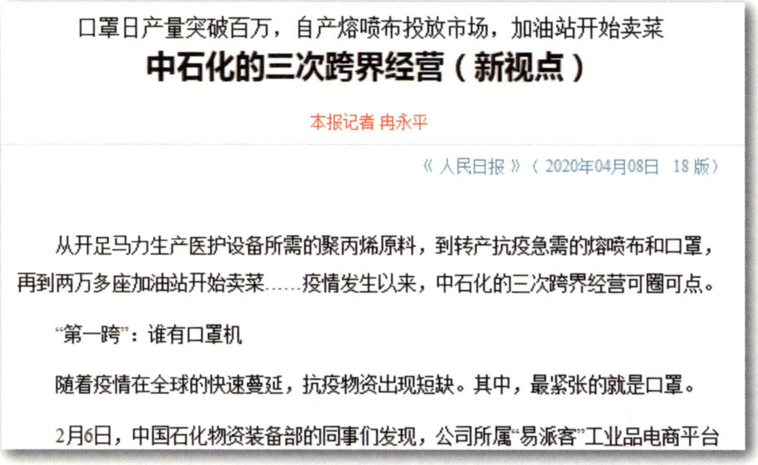

口罩日产量突破百万，自产熔喷布投放市场，加油站开始卖菜

中石化的三次跨界经营（新视点）

本报记者 冉永平

《 人民日报 》（ 2020年04月08日 18 版）

从开足马力生产医护设备所需的聚丙烯原料，到转产抗疫急需的熔喷布和口罩，再到两万多座加油站开始卖菜……疫情发生以来，中石化的三次跨界经营可圈可点。

“第一跨”：谁有口罩机

随着疫情在全球的快速蔓延，抗疫物资出现短缺。其中，最紧张的就是口罩。

2月6日，中国石化物资装备部的同事们发现，公司所属“易派客”工业品电商平台

中国石化“跨界”经营
资料来源：人民日报。

一是利用终端加油站网点优势，在全国 200 多个城市 7000 多座加油站开展蔬菜销售业务，受到了社会公众的热烈欢迎，既解决了农产品难卖的问题，也方便了疫情期间市民购买生活物品。虽然中国石化加油站的“跨界”营销已非首次，但在疫情期间，前期的布局准备与相对成熟的终端营销流程使这种形式在突发状态下可以快速应变。

二是推广无接触安全服务，护航经济发展。2020 年 3 月 15 日，中国石化电子钱包“一键加油”功能在全国上线，全国 3 万多座加油站全部实现“一键加油”。这也是全国第一款在自营平台自主发行的加油支付电子账户，实现了客户端无接触加油、无接触支付、

无接触开票，为防止疫情传播提出了来自终端的解决方案。

中国石化的相关举措不但积极解决了社会之忧，同时也引领了油品销售行业的业态升级，引发舆论主动关注，相关战“疫”实录被市场营销、企业管理类线上讲座引用。

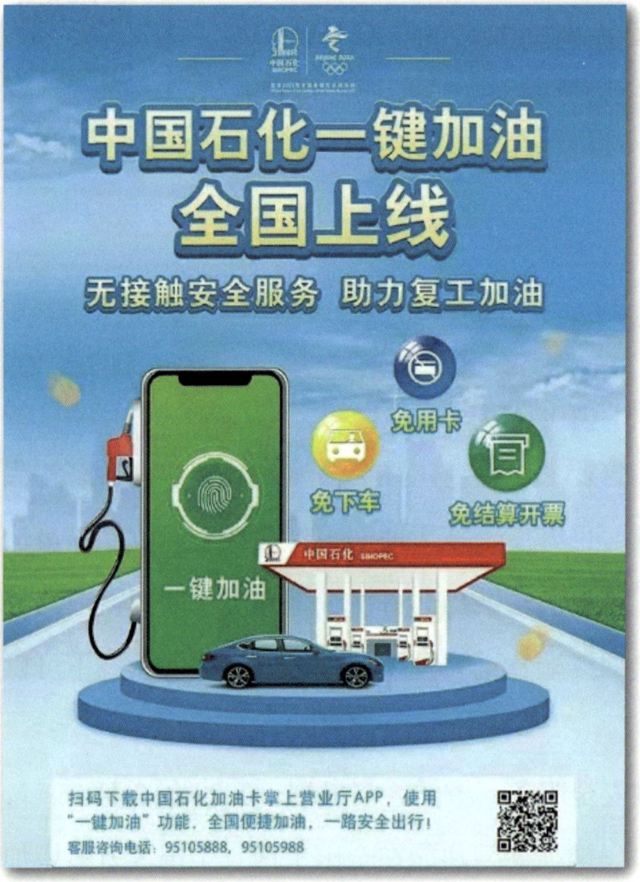

中国石化 3 万座加油站实现“一键加油”，无接触服务助力复工
资料来源：中国石化微信公众号。

2. 应市场之需，打通产业链解决最棘手问题

疫情期间，中国石化“跨界”生产、销售口罩，不但迎难而上解决社会需求，而且相关宣传起到了号召性作用。

广汽集团、上汽通用五菱、工业富联、三枪内衣、比亚迪子公司、富士康等企业都发出转产口罩的消息，“现货口罩机”一时间成了“香饽饽”。汽车、家电等行业的多家知名企业也加入“跨界”大军，共同推高了话题热度。中国石化作为跨界的“先行者”，多次被媒体报道。

通过不断“跨界”为宣传工作奠定了良好、广泛的舆论基础，得到国家主管部门的认可。2020 年 2 月 18 日上午，国务院联防联控机制新闻发布会举行，国资委副主任任洪斌在介绍中央企业支援保障新冠肺炎疫情防控情况时，特别提及因生产口罩“走红网络”的中国石化。

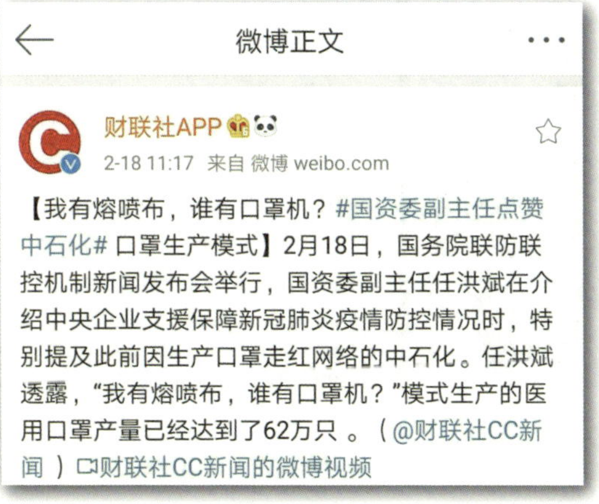

中国石化生产口罩“走红网络”
资料来源：新浪微博。

延展阅读：中国石化抗疫传播获国内外多项殊荣

荣获抗疫致敬品牌企业

2020年8月9日，中国石化新闻办发布消息，在武汉举办的2020（第十四届）中国品牌节年会授予中国石化“抗疫致敬品牌企业”“华谱奖”两个奖项。

中国石化获“抗疫致敬品牌企业”

资料来源：①图片来自石化黑板报；

②二维码来自楚天都市报。

本次品牌节年会由品牌联盟、中共武汉市委、武汉市人民政府联合主办，特别设立了“抗疫致敬品牌企业”奖项，对疫情期间作出突出表现的优秀品牌进行表彰。主办方介绍，该奖项结合品牌在疫情期间的抗疫表现、社会责任、公众形象、关注度等重要指标，通过专家评委打分，对品牌进行数据分析、综合评估后得出。

中国新闻网
WWW.CHINANEWS.COM

首页 → 产经中心　　字号：大 中 小

中国石化荣获抗疫致敬品牌企业

2020年08月10日 10:35 来源：中国新闻网 参与互动

中新网8月10日电 8月9日，中国石化新闻办发布消息，在武汉举办的2020(第十四届)中国品牌节年会授予中国石化“抗疫致敬品牌企业”“华谱奖”两个奖项。

据介绍，疫情发生以来，中国石化举全集团之力，发扬“有条件上，没有条件创造条件也要上”的精神，12天建成一条熔喷布生产线，76天从零起步建成全球最大的熔喷布生产基地；发力打通口罩产业链，带动了一场跨专业、跨企业、跨行业、跨产业的口罩增产大协作；始终坚持生产不间断、油气不断供、商品不涨价、服务不打烊，全力保障油气供应，助力“两山”医院建设；跨界开展“油卖菜”，保障人民群众基本生活物资供应，在关键时刻促进了人心安定。

中国石化荣获“抗疫致敬品牌企业”
资料来源：中国新闻网。

疫情发生以来，中国石化举全集团之力，发扬“有条件上，没有条件创造条件也要上”的精神，12 天建成一条熔喷布生产线，76 天从零起步建成全球最大的熔喷布生产基地；坚持

“国家需要什么就生产什么，人民期待什么就奉献什么”，发力打通口罩产业链，带动了一场跨专业、跨企业、跨行业、跨产业的口罩增产大协作；始终坚持“生产不间断、油气不断供、商品不涨价、服务不打烊”，全力保障油气供应，助力“两山”医院建设；“跨界”开展“油卖菜”，保障人民群众基本生活物资供应，在关键时刻安定人心。

中国石化“卖菜啦”
资料来源：新浪微博。

在推进复工复产过程中，中国石化发挥“龙头企业”带动作用，引领一大批上下游企业有序恢复生产运营，有力稳定了产业链和供应链，促进了国民经济快速企稳复苏。在湖北，中国石化积极发挥自身渠道优势，帮助销售湖北农副产品，并将“荆楚优品”引入易捷店，进一步加大采购力度，为湖北疫后重振和脱贫攻坚加油助力。2020 年 6 月 3 日，中国石化宣布将在湖北投资 200 多亿元助力湖北疫后重振发展，以大力推动当地产业基础高级化、产业链现代化。

中国石化主动融入抗疫大局，勇当战疫情、稳经济的“排头兵”，得到社会各界的广泛认可，企业形象和品牌价值明显

中国石化助力湖北复苏：11 天采购“荆楚优品”突破 1 亿元
资料来源：经济日报。

提升。5月12日，“中国企业社会责任领先指数”显示，中国石化以145.37分位居中国企业第二名、中央企业第一名。

“华谱奖”意为中华的脸谱，是中国品牌节奖项设置之一，旨在评选出年度最能代表国家品牌形象的典范品牌。

——摘自2020年8月10日《中国新闻网》

斩获传播界“奥斯卡”双奖

2020年9月，2020年度SABRE亚太区域品牌和声誉管理杰出成就奖（SABRE Asia Pacific）揭晓。SABRE品牌和声誉管理杰出成就奖的全称是Superior Achievement in Branding and Reputation Awards，有“传播界的奥斯卡”之称。中国石化因疫情期间发起“我有熔喷布，谁有口罩机？”合作伙伴寻找行动，“跨界”打通口罩全产业链，76天从无到有建成全球产能最大的熔喷布生产基地，全力以赴支援战“疫”，分别获得SABRE品牌和声誉管理杰出成就奖中的“工业化学品行业”及“能源和自然资源行业”两项品牌和声誉管理杰出成就奖项。

新冠肺炎疫情发生后，口罩作为抗击疫情最重要的防护用品出现了严重短缺，一时间价格飞涨，导致“一罩难求”。为

“传播界的奥斯卡”，中国石化一下拿了俩
资料来源：The Holmes Report。

了保障口罩产品的质量和供应，作为国内最大医卫原料供应商的中国石化，决定利用自身优势全面介入口罩生产。

2020年2月6日下午，中国石化通过社交媒体发布合作信息——“我有熔喷布，谁有口罩机？”迅速在微博、微信和短视频平台中形成传播热潮，并在3个小时内基本锁定合作伙伴。

次日中午，中国石化即完成11条口罩生产线对接工作，并在最短的时间内建成100万只/天的产能规模。

与此同时，中国石化从2月24日开始，用12天时间在燕山石化建起一座熔喷布生产厂，用76天时间从无到有建成

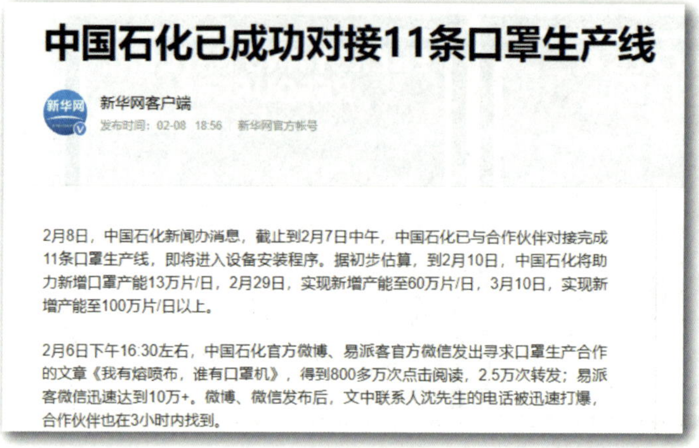

中国石化已成功对接11条口罩生产线

新华网客户端

发布时间：02-08 18:56 新华网官方帐号

2月8日，中国石化新闻办消息，截止到2月7日中午，中国石化已与合作伙伴对接完成11条口罩生产线，即将进入设备安装程序。据初步估算，到2月10日，中国石化将助力新增口罩产能13万片/日，2月29日，实现新增产能至60万片/日，3月10日，实现新增产能至100万片/日以上。

2月6日下午16:30左右，中国石化官方微博、易派客官方微信发出寻求口罩生产合作的文章《我有熔喷布，谁有口罩机》，得到800多万次点击阅读，2.5万次转发；易派客微信迅速达到10万+。微博、微信发布后，文中联系人沈先生的电话被迅速打爆，合作伙伴也在3小时内找到。

中国石化已成功对接 11 条口罩生产线
资料来源：新华网。

全球产能最大的万吨级熔喷布生产基地，年产能逾 1.35 万吨；研发氢调法新技术，使熔喷料产能成倍放大，整个口罩产业链由此打通，有力地支援了全国疫情防控和复工复产，助力全球防疫抗疫，得到广泛赞誉。

在应对疫情挑战的同时，中国石化通过积极有效的宣传，对内凝聚了力量，对外增强了战“疫”必胜的信心。

央视《焦点访谈》等栏目多次聚焦中国石化打通口罩产业链并推出深度报道；新华社、人民日报、经济日报等主流媒体，发布《倾我所有 尽我所能——中国石化战疫复工记》《中国石化的三次跨界》《12 天，一座厂》等系列重磅报道，充分展示了中国石化的“硬核”担当，凸显了抗疫大考中“顶梁柱、顶得住”的“国家队”形象。

SABRE 品牌和声誉管理杰出成就奖由全球权威公关行业资讯机构（The Holmes Report）于 2000 年设立，旨在对行业内最具专业能力、对行业有明显推动作用的相关传播实录进行表彰。每年全球范围内约有 5000 个传播实录参与评选。

此前，中国石化成功处理“香港胶粒事件”、举办“情暖驿站、满爱回家”大型公益活动以及“中国石化公众开放日”大型品牌活动，分别于2013年、2015年和2018年荣获该奖项。

02

第二章

价值议题引领：“他想”与“我说”

企业在传播过程中，会遇到企业议题传播与受众的理解之间出现偏差、企业想表达的方向与受众希望企业说的方向出现错位等现象。因此，解决“他想”与“我说”的对应问题尤为重要，这也是企业建立认同感、提升美誉度的关键。

第一节

释放信息：以国家意识，统领企业传播

在此次抗击疫情的重大考验面前，“他想”与“我说”是一个动态对应的过程。随着抗疫行动进入不同阶段，抗疫传播的重点在不断变化，企业也要相应地调整宣传节奏及信息发布重点内容，通

过“同频”达到“共振”效果。宣传战线必须把中央企业当先锋、站排头的光辉事迹及时生动地传播出去，这样才能对内鼓舞士气、激励斗志，对外展示中央企业的良好形象和强大实力，从而增强全社会战胜疫情的信心和决心。

一、聚焦危机：提前策划，呼应国家关心、社会关注

在突发事件特别是社会重大公共事件中，公众对信息的渴望较平时要更为突出，信息更迭传播的速度更快。在事件发生初期、走向尚不明朗的情况下，舆论场更易出现关乎问题导向的声音。积极的议题会减少社会悲观、负面的情绪。因此，社会重大公共事件发生初期，更需要有“正能量”和能体现“行动力”的声音，从而快速给予社会公众信心。

新冠肺炎疫情初期，各方牢牢把握“战‘疫’行动”这一主题，不仅不排斥公众发现的问题，而且在发现问题后及时纠偏，积极行动，同步传播，树立全社会迎难而上、“勇战疫情”的积极心态。央企更应发挥自身产业优势与央企责任，紧紧围绕“央企人的战‘疫’行动”这一主题，从慷慨捐赠到物资保供，从抗疫基建到医疗物资产业链支援，在疫情初步平稳后又带头复工复产，维护国家经济稳定，央企发挥了社会、经济“稳定剂”与“推进器”的积极作用。

中国石化：全力打赢防疫攻坚战

新华网客户端
发布时间：02-04 16:16 新华网官方帐号

中国石化全力打赢防疫攻坚战
资料来源：新华网。

央企战“疫”|中国石化：坚守保供为战“疫”加“油”！

2020-02-20 14:19:49 浏览量：1020234
来源：新华社

CNC视频 查看详情 〉

中国石化坚守保供为战“疫”加“油”
资料来源：新华网络电视。

传播实录 1：“跨界”驰援，保供传播贯穿抗疫全程

在国家所急、民众所需的关键节点上，中国石化新闻办公室与企业行动“零时差”，发挥着“新闻永动机”作用。

疫情发生以来，中国石化新闻办公室不间断发布“中国石化决定速上 10 条熔喷布生产线”“口罩原料一律不涨价”“免费为武汉火神山医院救护车加油”“北京加油站开售儿童口罩”“中国石化卖菜了”等高质高量新闻通稿 73 篇，全网累计报道转载超过 2 万条。

中国石化在口罩产业链中原本是上游聚丙烯原料的生产者，为了保障中游熔喷布价格稳定和下游口罩产品的质量和供应，决定打通产业链，全面介入熔喷料、熔喷布和口罩的生产，实现“跨界”支援。2020 年 2 月 24 日和 3 月 9 日，中国石化两次作出决定，快马加鞭地建设熔喷布生产线，助力口罩生产。

针对这些有价值的信息，中国石化官方微博同步跟进，发布“我有熔喷布，谁有口罩机？”“我有易捷店，谁有滞销品？”等有影响力的微博1300条，阅读量超过7590万次。仅83天，微信公众号总阅读量达1118万次，30篇公众号文章阅读量达“10万+”，单篇最高阅读量达85万次。抖音、快手短视频发布497条，总点击量高达7亿多人次，其中，“为雷神山医院免费供油”“为了口罩我们拼了”“熔喷布生产线是怎么建成的”等16条短视频的单篇播放量超过1000万次，32条短视频的单篇播放量超过500万次。

热议话题接连不断，形成多个传播高峰，贯穿抗“疫”全程。

——摘自微信公众号“传媒茶话会”2020年4月20日《83天30篇十万+，16条短视频千万+，新媒体这样做！》

二、因事而谋：宣传与建设双同步，责任输出“零时差”

传播信息重在到达与接受，只有有效的信息才能达到传播的目的，让受众体会到信息传递者的态度，从而提高认可度。渠道解决的是信息到达的问题，而议题的切入口，即传播的内容则直接影响受众的接受度。要让传播的信息有效，首先需要避免“以我为中心”。尤其在社会重大公共事件中，国家层面更关心的是企业的行动会给社会发展带来什么，公众更关心的是能为他们安全稳定的生活带来什么。因此，企业层面议题设置的出发点，要以国家关心、社会关注的内容为切入口，转化视角，让受众感知到企业所传递的信息是有用的信息。

其次，要以解决痛点问题为出发点。企业社会责任的释放，其中一个核心就是能够发挥自身的产业优势，以便解决或缓解社会当前遇到的棘手问题。企业能够提出解决方案，强化企业在解决问题中的能动力，更好地让社会各层面认知企业的价值，是企业树立良好品牌形象的基础。

最后，要有更高的站位，心系经济环境的良性运转。尤其作为央企、国企，均是中国关键产业、关键环节的贡献者，在社会重大公共事件中，更应注重产业链上的协同联动、互助扶持，通过自身行动为产业以及经济带来积极影响。在响应社会责任的同时，同步输出经济价值。

传播实录 2：打造中央厨房，跟踪公开熔喷布生产情况

针对全国疫情防控形势严峻、口罩核心原料紧缺的局面，中国石化党组书记、董事长张玉卓表示，作为我国最大的医用化工原料生产商，中国石化要积极履行政治责任和社会责任，哪个环节薄弱我们就加强哪个环节，哪种资源不足我们就生产哪种资源，尽快助力缓解国家口罩等医卫用品紧缺的局面。2020 年 2 月 24 日，中国石化决定利用自有原料生产优势，投资 2 亿元在燕山石化和仪征化纤快马加鞭地建设了 10 条熔喷布生产线。

宣传与建设双同步，既要做好，也要说好。

一是建立专项宣传小组。集团层面成立专项宣传小组，第一时间制定“中国石化燕山熔喷布项目”专项宣传活动工作方案，根据燕山石化 15 天建设进度，按天制订宣传计划。企业层面成立由公司党委书记指挥工作的领导小组。领导小组下设文字组、视频组、图片组、新媒体组、直播组五个宣传工作小

组，做到职责明确，责任到人。

二是建立高效的沟通联络机制，打造专项宣传“中央厨房”。通过云端建立高效的决策机制，中国石化集团和企业层面领导小组根据每日工程项目的进度和关键节点，部署重点工作；建立高效的协调机制，燕山石化领导小组及时将会议精神、领导要求传达给宣传工作小组每个成员，及时确定宣传工作重点、要点和思路；建立高效的信息发布机制，打造了专项宣传“中央厨房”，即前方用文字、图片、视频的形式及时跟进建设进度，后方协同推进、扩大影响，实现了一体策划、一次采集、多种生成、多元传播。

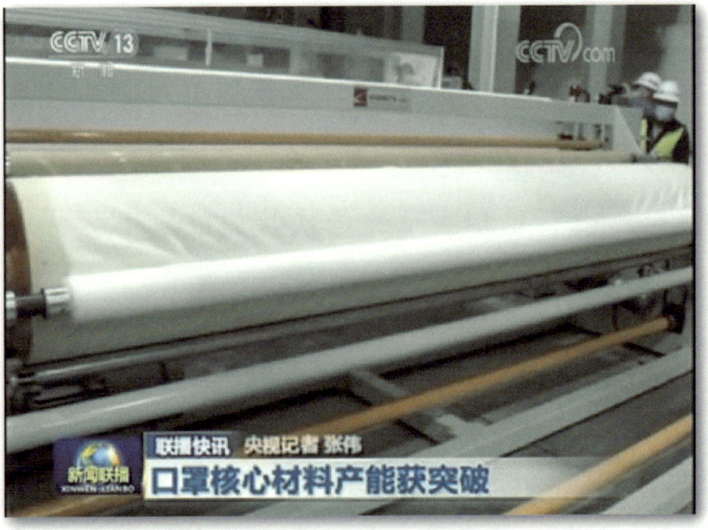

口罩核心材料产能突破
资料来源：央视新闻联播。

传播实录 3：借网红效应，英国小哥直播熔喷布生产线

疫情初期，口罩一度成为最抢手的物资，而生产口罩的原材料——“熔喷布”则成为社会最关注的焦点。针对这一现状，中国石化通过持续公布熔喷布生产线建设的进程，在境内外不断掀起传播热潮。

中国石化曾邀请英国博主司徒建国走进燕山石化工厂，探秘口罩熔喷布生产过程。通过 Vlog 形式增强了受众的体验感，以外国人的视角向大众展示了中国石化 12 天建成熔喷布生产线的奇迹。

该视频在境内外各大媒体和社交平台迅速传播，美通社、法新社、澳大利亚国家通讯社、日本共同社、韩联社等近 900 家国际媒体进行转载，累计观看量超过 2000 万次，取得较好的传播效果。

海外网友评价称：“中国石化两周之内竟然建成了一座每天可生产 120 万片 N95 口罩原料的工厂，令人惊叹。”

外国人探秘熔喷布
资料来源：司徒建国 Stu 新浪微博。

第二节

解疑释惑："熔喷布，我们不涨价！"

中国石化新闻发言人吕大鹏代表公司承诺：

抗疫期间，中国石化生产的医疗卫生用物资相关原料一律不涨价，将继续调整产能，优先排产医卫用品原料，保障原料优质、足量、及时供应。

一、承诺的底气，源自企业执行力

公众的焦虑是谣言与误解产生的一个主要诱因，企业释疑的

中国石化：口罩原料一律不涨价

新华网客户端

发布时间：02-02 10:11 新华网官方帐号

1月31日，针对医用口罩等医疗物资紧缺及价格高企的情况，中国石化新闻发言人吕大鹏代表公司承诺：抗疫期间，中国石化生产的医疗卫生用物资相关原料一律不涨价；旗下3万座加油站油品除执行国家原有调价规定外一律不涨价；易捷便利店经营的非油产品一律不涨价。此外，将继续调整产能，优先排产医卫用品原料，保障优质、足量、及时供应，预计2月份将生产9.5万吨，比一月份增产3万吨。

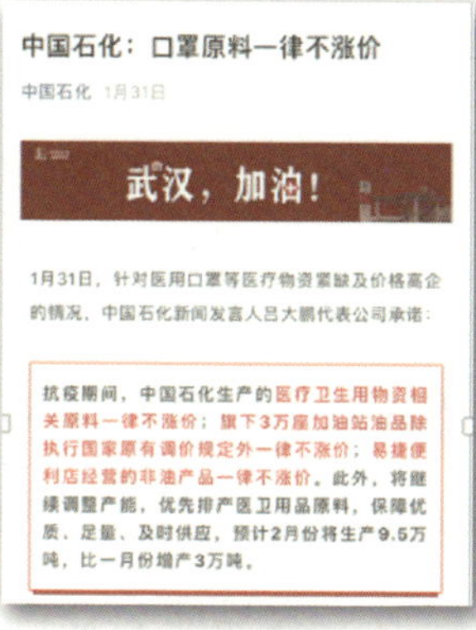

中国石化：口罩原料一律不涨价

中国石化 1月31日

武汉，加油！

1月31日，针对医用口罩等医疗物资紧缺及价格高企的情况，中国石化新闻发言人吕大鹏代表公司承诺：

抗疫期间，中国石化生产的医疗卫生用物资相关原料一律不涨价；旗下3万座加油站油品除执行国家原有调价规定外一律不涨价；易捷便利店经营的非油产品一律不涨价。此外，将继续调整产能，优先排产医卫用品原料，保障优质、足量、及时供应，预计2月份将生产9.5万吨，比一月份增产3万吨。

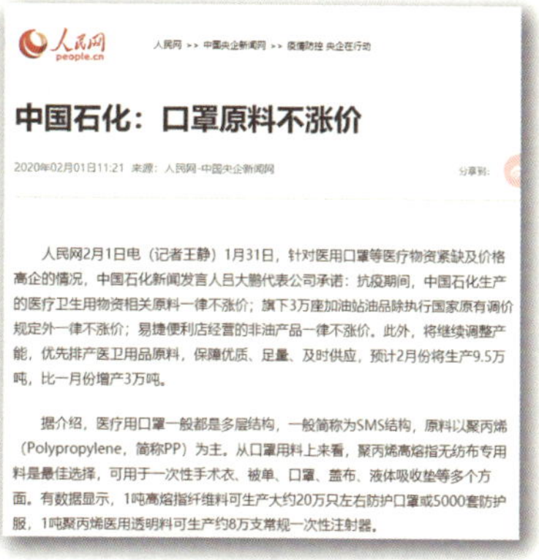

人民网 people.cn 人民网 >> 中国央企新闻网 >> 疫情防控 央企在行动

中国石化：口罩原料不涨价

2020年02月01日11:21 来源：人民网-中国央企新闻网 分享到：

人民网2月1日电（记者王静）1月31日，针对医用口罩等医疗物资紧缺及价格高企的情况，中国石化新闻发言人吕大鹏代表公司承诺：抗疫期间，中国石化生产的医疗卫生用物资相关原料一律不涨价；旗下3万座加油站油品除执行国家原有调价规定外一律不涨价；易捷便利店经营的非油产品一律不涨价。此外，将继续调整产能，优先排产医卫用品原料，保障优质、足量、及时供应，预计2月份将生产9.5万吨，比一月份增产3万吨。

据介绍，医疗用口罩一般都是多层结构，一般简称为SMS结构，原料以聚丙烯（Polypropylene，简称PP）为主。从口罩用料上来看，聚丙烯高熔指无纺布专用料是最佳选择，可用于一次性手术衣、被单、口罩、盖布、液体吸收垫等多个方面。有数据显示，1吨高熔指纤维料可生产大约20万只左右防护口罩或5000套防护服，1吨聚丙烯医用透明料可生产约8万支常规一次性注射器。

口罩原料不涨价

资料来源：新华网。 资料来源：中国石化微信公众号。 资料来源：人民网。

关键也在于消除这些焦虑。在敏感甚至易引发公众情绪恐慌的环境下，企业及时释放承诺性信息，能够起到快速安抚舆论的作用。同时，承诺的兑现也能够充分展现企业的责任与担当，起到化危为机的积极作用。但是需要注意以下问题。

1. 不宜过度承诺

企业的公开承诺是一把“双刃剑”，承诺的兑现能够帮助企业树立良好、积极的形象，缓和公众情绪。但需注意的是，企业承诺的必须是经过客观评估后可以实现，且在短期可以看到一定效果的事项，以免后续的舆论跟踪发现该承诺仅为“纸上谈兵”，从而再次引发信任危机。

2. 不宜多次承诺

针对同一事项多次承诺的效果与针对突发事件企业多次回应相似，一方面会主动吸引舆论的关注，另一方面在上一个承诺尚未兑现时，又进行新的承诺释放，容易使公众产生不信任感，认为企业是在为承诺而承诺，反而不利于责任形象的传播。因此，针对同一事项，企业可以对同一承诺进行覆盖面上的扩散，但需谨慎集中性地多次发布不同的承诺。

3. 要有对承诺的跟进以及事实佐证

承诺性信息发出后，最主要的是对承诺落实情况的跟进，以进一步释放企业信守承诺、有责任、有担当的形象信息。在对具体承诺信息的佐证上，既可以是事实性事项、数据等证明，也可以是承诺获益者的真实反馈。

二、多手段击碎谣言，帮助“外行人”看懂内行事

由于信息不对称导致的公众不了解、不理解，是产生谣言或不实信息的又一个主要诱因。企业及时发现舆论中的质疑环节、质疑事项，并充分进行科普、引导，也是其责任价值的一种体现，从而帮助公众更加客观、理性地看待某一敏感问题。公众质疑的事项往往充满复杂性与专业性，因此企业在答疑解惑时，应秉承通俗易懂

的原则，将专业问题可视化，将复杂问题易懂化，从而帮助“外行人”能够快速准确地理解专业性问题，增强释疑的效果。

在具体的释疑操作手段上，可充分考虑谁说、在哪儿说以及怎么说的问题。

1. 谁说

释疑信息的发布者应具备“权威”“可信”“专业”三个方面特质。一般来说，企业可通过官方自媒体账号进行释疑，也可培养自有的专业领域 KOL 进行圈群释疑，还可通过权威第三方媒体、专家间接释疑。

2. 在哪儿说

解决在哪儿说的问题，首先需要关注舆论热议的平台在哪里。选择平台的原则应遵循“就近”“公信力”两个方面。一般来说，企业的官方自媒体账号、权威主流新闻媒体、知乎等知识性分享社区，抖音等下沉式短视频平台，都是释疑效果较好的场所。

3. 怎么说

怎么说的目的是让接受信息者更加准确、翔实地了解事实真相。一方面，官方正式的辟谣是最具公信力以及引导力的方式之一，及时辟谣可以迅速阻断继续传播；另一方面，对于一些需要专业知识作为背景才能客观地被理解的事项，可通过图解、比喻、短视频等形式，帮助大众提炼、过滤出有效信息，以实现释疑内容的精准有效传播。

传播实录 4：快速反应，多元化解熔喷布涨价质疑

2020 年 2 月中下旬，一篇标题为《一批口罩厂，停产了》的文章在社交媒体传播。文章直指市场上熔喷布短缺以及熔喷布价格大幅上涨，并指出不法分子从中牟利。在网友讨论中，有的观点认为"中国石油、中国石化等上游企业借机涨价""发国难财"等，质疑企业的社会责任。在此背景下，为更好地维护市场秩序，并积极传达企业抗疫、全力投产的信号，避免好事变坏事，中国石化作为上游企业的代表，积极加强舆论引导。通过抖音从侧面传递出"熔喷布涨价是中间商所为"，并通过官方财经媒体发声，以行业站位剖析熔喷布涨价原因，通过央视等权威主流媒体持续引导，稳定市场与舆论情绪，使熔喷布涨价的舆情不断降温。

1. 有事实有依据，证据越充分引导越可信

熔喷布涨价消息出现后，部分朋友圈出现倒卖中国石化熔

喷布的情况，并且被公众认为是中国石化“惜售”，从而导致口罩关键原材料熔喷布涨价，若不加以快速、有力地澄清，将直接影响中国石化乃至央企的形象。因谣言起于圈群，而且基于朋友关系的传播会让谣言的可信度更高，所以辟谣引导需要真凭实据，“可信”便成为引导的关键。基于此，中国石化并没有优先采用官方声明等形式，而是通过圈群这种更易接受且更易传播的交流举例式引导，让产业链伙伴及普通公众正确认清“中间商赚差价”的不良现象。

官方微信举例当时熔喷布生产线的生产能力，并对比朋友圈谣言中的产能，直接指出朋友圈销售的不可能为中国石化的熔喷布，表示“你的10吨熔喷布是哪儿来的”，并强调中国石化熔喷布均定向供应口罩厂。

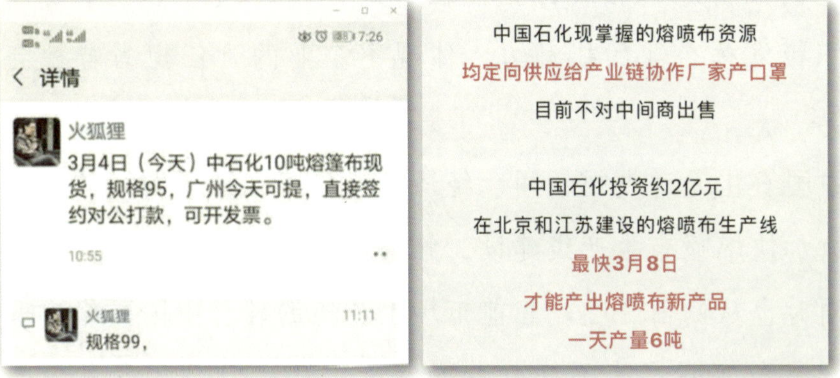

防骗！防疫期间，中国石化熔喷布均定向供应口罩厂
资料来源：中国石化微信公众号。

2. 企民互动，加深与公众的情感共鸣

如果官方微信用数据辟谣更多的是面向直接利益相关方，以避免相关企业因谣言影响遭受损失，进一步连带中国石化也受影响。那么，通过抖音渠道下沉，与普通公众形成“利益共同体”，并产生共鸣，能够更好地防止公共舆情的发酵，同时能够更好地树立央企担当形象。

中国石化通过其官方抖音号设置话题：“熔喷布听说有人涨价？大家来给出出主意”。从话题的设置角度就体现出中国石化与“大家”是一条心的，从侧面证明中国石化并未参与涨价事宜，也同样抵制此类不当市场行为。

3. 权威新闻媒体背书，解惑同时体现中国石化行动力

熔喷布谣言的产生与市场对熔喷布的需求，以及公众对口罩产能的期待息息相关，企业在解疑释惑的同时结合市场痛点，积极发挥企业的能动力，体现出企业的责任担当与社会价值。

中国石化通过央视新闻、经济参考报等主流新闻媒体，积极释放加快熔喷布生产线建设，解决口罩原材料产能问题等信息，同时也从侧面呼吁，当前市场上流传的各种中国石化熔喷布的谣言与实际产能不符，谨防公众受骗。2020 年 3 月中上旬，中央媒体就熔喷布涨价问题发表一系列文章，起到了很好的释疑解惑作用。

如下图所示，2020年3月9日，《经济参考报》头版报道《中央企业加快熔喷布产能提升》中称：作为国内最大的医卫原料供应商，中国石化在口罩产业链中原本是最上游聚丙烯原料的生产者。疫情发生后，为保障中游熔喷布价格稳定和下游口罩产品供应，中国石化按照国资委要求，决定全面介入熔喷料、熔喷布和口罩生产，打通口罩生产全产业链。日前，中国石化燕山石化2条熔喷布生产线一次开车成功，将尽快投产达产；在江苏，中国石化仪征化纤还有8条熔喷布生产线正加速筹建，预计4月中旬建成投产。

首页>> 要闻 >> 正文

中央企业加快熔喷布产能提升

2020-03-09　作者：记者　王希　北京报道　来源：经济参考报

【大 中 小】

面对口罩核心材料熔喷布需求井喷，国务院国资委指导推动相关中央企业加快生产线建设、尽快投产达产，扩大熔喷布市场供给，为疫情防控提供保障。这是记者8日从国资委了解到的信息。

国机集团下属恒天集团控股企业恒天嘉华非织造有限公司（恒天嘉华）1月26日全面复工，将企业拥有的国际先进纺熔生产线迅速转产扩能，生产口罩用过滤层和内外层无纺布等，同时迅速拓展口罩生产线，目前产能已达每天110万只。

作为国内最大的医卫原料供应商，中国石化在口罩产业链中原本是最上游聚丙烯原料的生产者。疫情发生后，为保障中游熔喷布价格稳定和下游口罩产品供应，中国石化按照国资委要求，决定全面介入熔喷料、熔喷布和口罩生产，打通口罩生产全产业链。

日前，中国石化燕山石化2条熔喷布生产线一次开车成功，将尽快投产达产；在江苏，中国石化仪征化纤还有8条熔喷布生产线正加速筹建，预计4月中旬建成投产。

据国资委医疗物资专项工作组消息，截至3月6日24时，中央企业当日熔喷布产量达到约26吨。“随着新的生产线建成投产，熔喷布未来一周产量有望大幅提升。”国资委医疗物资专项工作组有关负责人表示，国资委和中央企业将继续加大力度保障医用口罩生产原料等医疗物资供应。

中央企业加快熔喷布产能提升
资料来源：经济参考报。

如下图所示，2020 年 3 月 10 日，央视财经频道《第一时间》、央视网报道《记者调查：熔喷布“一布难求”口罩供应紧张局面何时能缓解？》中称：聚丙烯专用的塑料相当于麦子，熔喷料相当于面粉，熔喷布相当于做成了面皮，口罩相当于蒸成了花卷，所以在四个环节当中，熔喷布成了一个“堰塞湖”——卡壳的地方。专家表示，熔喷布短期供应不足与新上熔喷设备投资大、建设周期长密切相关。熔喷布厂生产线投资动辄数百万元、上千万元，设备制造安装比口罩生产装置复杂得多。

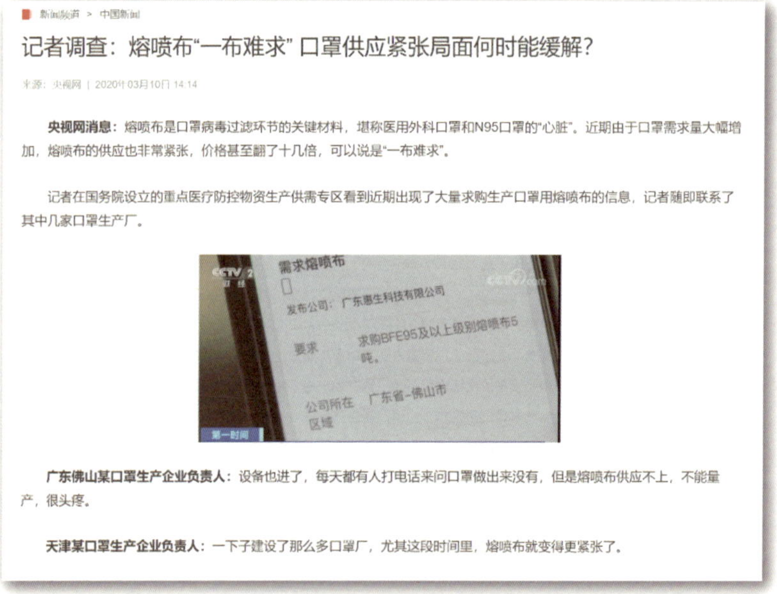
新闻频道 > 中国新闻

记者调查：熔喷布“一布难求”口罩供应紧张局面何时能缓解？

来源：央视网 | 2020年03月10日 14:14

央视网消息：熔喷布是口罩病毒过滤环节的关键材料，堪称医用外科口罩和N95口罩的“心脏”。近期由于口罩需求量大幅增加，熔喷布的供应也非常紧张，价格甚至翻了十几倍，可以说是“一布难求”。

记者在国务院设立的重点医疗防控物资生产供需专区看到近期出现了大量求购生产口罩用熔喷布的信息，记者随即联系了其中几家口罩生产厂。

广东佛山某口罩生产企业负责人：设备也进了，每天都有人打电话来问口罩做出来没有，但是熔喷布供应不上，不能量产，很头疼。

天津某口罩生产企业负责人：一下子建设了那么多口罩厂，尤其这段时间里，熔喷布就变得更紧张了。

熔喷布“一布难求”口罩供应紧张局面何时能缓解
资料来源：央视网。

如下图所示，2020 年 3 月 12 日，央视新闻频道、央视新闻客户端报道《应对口罩核心材料熔喷布价格上涨 国资委：加大供应 稳定价格》中称：随着国企民企的共同努力，再加上市场的刺激，各方的要素会使熔喷布的产量慢慢上涨，缓解熔喷布紧张的状态。

应对口罩核心材料熔喷布价格上涨 国资委：加大供应 稳定价格

央视新闻客户端
2020-03-12 09:18:00　72778 人已阅

面对熔喷布等原材料紧缺的形势，国资委成立医疗物资专项工作组，统一部署相关央企加快推进生产线建设，扩大熔喷布产能，保证市场供给，稳定价格。

稳定口罩原料价格
资料来源：央视新闻。

4. 官方声明辟谣，及时引导舆论

在 2020 年 3 月自媒体出现中国石化熔喷布加价倒卖消息后，中国石化及时通过官方辟谣，但是朋友圈依然不时有所流

传，发布中国石化熔喷布售卖的假消息。为避免市场混乱，中国石化一方面在朋友圈直击利益相关人群进行辟谣，另一方面分别通过茂名石化、物资装备部发布正式声明：中国石化所有熔喷布均“定向供应，从未委托其他单位或个人销售”，提醒口罩生产企业谨防买到假冒产品，避免相关单位遭受损失。

5. 积极参与公安部专案行动，打击倒卖行为

中国石化还积极参与公安部“开展严厉打击倒卖生产口罩核心原材料熔喷布违法犯罪专案行动”，举报相关网络信息，为破获相关案件贡献自己的力量。

第三节
价值引领：立体保障，与主旋律高频同步

在社会重大公共事件中，央企、国企社会价值的输出成为主要牵引力，同时其价值的输出点不仅限于“保”，更在于“促”。

一、社会起点：扎根民生，保供应、稳就业

社会价值也称“市场价值”，与“个别价值”对称，是由社会必要劳动时间决定的商品价值。随着社会的发展，企业作为具有社会属性的组织，在消耗社会资源、获取商业价值的同时，必须承担

更多的社会责任，体现更多的社会价值，这些主要表现在关注员工福祉、兼顾环境保护、体现社会责任三个方面。

在疫情影响下，社会经济形势面临前所未有的挑战。2020 年 4 月 17 日，中共中央政治局会议召开，强调加大“六稳”工作力度，进而引申出“六稳”目标下的“六保”任务：保居民就业、保基本民生、保市场主体、保粮食能源安全、保产业链供应链稳定、保基层运转。“六保”是今年特殊环境下的工作底线，强化底线思维，以底线任务为方向抓手，是以央企、国企为首的各类经济活动参与主体提升社会价值与自身价值的重要依据。

1. 以民生为根本，积极展现在保供方面的作为

社会重大公共事件发生初期，往往由于相关供应链的中断、受阻导致民生基本供应的短时停摆。因此，抗疫工作的基础是要保障各类民生、医疗物资的正常运转与补给，此时相关物资保供方面信息的释放，更易获得社会的关注与认可。

一是可依托自身的产业优势、产品服务优势，释放保障民生基本物资的信息，如疫情期间的粮油食品、基本防疫物资（口罩、消毒液等）、成品油等的不间断供应，成为社会稳定运转的基础。二是对防疫、治疫专业设施物资的供应，成为推动防疫工作良性运转的关键。例如，立足治疗需要快速建成的“雷神山”“火神山”医院，口罩的“心脏”——熔喷布的快速产能补给等，都得到舆论的关注与认可。

新华网 NEWS
让新闻离你更近

中国石化2月供应医卫原料9.8万吨

2020-03-02 16:04:04 来源：新华网

中国石化产品广泛应用于医疗卫生防疫工作，作为国内年产近百万吨的医卫用材料供应商，新冠肺炎疫情发生以来，中国石化优先保证防疫急需物资的生产和供应，立足业务优势履行社会责任。

关注新华网
微信
微博
Qzone

镇海炼化医用聚丙烯出厂
资料来源：新华网。

中石化易捷全力保障疫情期间商品供应：油品不断供，商品不涨价，服务不打烊

新华网客户端
发布时间：02-01 14:46 新华网官方帐号

中国石化保证物资供应、不涨价
资料来源：新华网。

人民网 >> 中国央企新闻网 >> 疫情防控 央企在行动

中国石化开始为雷神山医院免费供气

2020 年 02 月 04 日 13:54 来源：人民网－中国央企新闻网 分享到：

人民网 2 月 4 日电（记者王静）2 月 4 日上午 10:40，随着雷神山医院 26 台热水炉开机，中国石化开始免费向雷神山医院供气，目前预计供应天然气 500-800 方 / 日，主要用于满足雷神山医院生活用气。

中国石化为雷神山医院免费供气
资料来源：人民网。

2. 以稳定为目标，积极响应稳就业号召

受新冠肺炎疫情影响，我国经济社会各领域受到不同程度影响，整体就业形势不容乐观。在这样的社会背景下，做好重点群体就业是就业工作的重中之重。为此，国资委组织推动中央企业开展了“抗疫稳岗扩就业”专项行动，聚焦高校毕业生、农民工、贫困地区劳动力三类重点人群，积极复工复产，加快重大项目建设，以提供更多就业岗位。相关央企、国企积极响应，纷纷发布招聘信息，开辟网上快捷招聘渠道，保障各类人群招聘工作的顺畅开展。疫情下央企、国企稳就业的积极举动，也给在疫情中的失业群体以及高校毕业群体带来了希望，为其他影响较小的企业起到带头作用，推动疫情下人力市场的良性运转，引领社会价值。

传播实录 5：“跨界”狂魔再“上新”，“一键到车”+“一键加油”

新冠肺炎疫情发生以来，受企业停工、用工短缺、采收和运销不畅以及各地餐饮饭店、集体伙食单位需求下降等因素的影响，多地局部出现了农产品“卖难”的现象。中国石化销售企业发挥 2.7 万座易捷便利店遍布全国的网点优势，全面铺开生鲜销售，供应蔬菜等生活必需品，解决“农民卖菜难、市民买菜难”的两难局面。

为全力配合首都疫情防控需要，中国石化北京石油及时推出了“一键到车”业务，即在加油的同时享受易捷商品配送到车的服务，做到了“加油不下车、开票不进店、购物不接触”。中国石化浙江石油与杭州盒马鲜生联手开展便民服务，市民在杭州指定的中国石化加油站便可以购得盒马生鲜包。中国石化广西石油与广西大型农业产业化国家级龙头企业——桂林力源集团强强联合，推出生鲜新品线上销售业务。各地的“卖菜”服务实现“加油＋买菜＋购物”的无接触购物，极大地减少

加油站卖！菜！了！
资料来源：中国石化微信公众号。

人员外出频率，降低客户购物感染风险，给顾客带来“出行一次完成家庭所需”的良好体验。

中国石化新闻办公室结合市民无接触买菜的现实诉求，积极调动各单位提供新服务体验素材，不但实现了创新服务模式的推广，响应了公众的需求，同时也向公众再次传达了中国石化“逆境不卖苦，创新找出路”的企业担当。中国石化官方微信文章《中国石化：卖！菜！了！》阅读量突破“80 万 +”，网友纷纷表示：“平时文案做得就非常好，这次卖菜，震惊到我了！太厉害了，急中生智，点个赞”“什么叫良心企业？这就是良心企业。人民需要什么，它们就生产什么，这就是人民认可的好企业”“中国石化这次是急中生智，要放在平时可能被讲不务正业，这个切入点会是中国石化变革的起点，用好渠道，讲好网络故事，做更多便民实事”“中国石化在这次疫情中的作为，真正展现出一个大牌国企的领头大哥作用！”……

经济参考
ECONOMIC INFORMATION DAILY
新华通讯社主管 经济参考报社主办
APP客户端 微信公众号
时尚新锐 深度解析 中国立场 全球视野
首页 国资国企 经参调查 思想观点 区域经济 金融 产经融合 汽
首页>> 要闻 >> 正文

中石化加油站卖菜 一键送到后备箱

2020-02-17 作者：记者 王璐 北京报道 来源：经济参考网

【大 中 小】

为全力配合首都疫情防控需要，中国石化北京石油推出“一键到车”业务，即在加油的同时提供易捷商品配送到车服务，做到加油不下车、充值不圈存、开票不进店、购物不接触。目前，北京石油已在 340 座加油站开通了“安心买菜”业务。下一步，北京石油还将不断丰富商品各类。

中国石化无接触卖菜
资料来源：经济参考报。

让新闻离你更近

中国石化3万座加油站全面实现无接触服务

2020-03-16 12:24:39 来源：新华网

关注新华网

微信

微博

Qzone

3月15日，中国石化"一键加油"功能全国上线，即日起，旗下3万座加油站提供无接触加油安全服务，全面实现无接触加油、无接触支付、无接触开票、无接触购物，有效避免疫情传播，助力全国安全复工。

中国石化“一键加油”功能上线
资料来源：新华网。

在2月22日15时举行的国务院联防联控机制新闻发布会上，商务部市场运行司副司长王斌在介绍保障生活必需品市场供应和流通时指出：中国石化加油站易捷便利店在全国126个地市的6000多座加油站临时增加了蔬菜销售业务，解决了部分没有销路企业和农户的燃眉之急。

中国石化“跨界”卖菜不仅获得商务部的点赞，而且被新华社、人民网、证券日报等主流媒体相继报道。

在垂直媒体上，中国石化这一“跨界”新业务更是因为有着海量的传播而广为人知。其中，爆款文案《最凶猛的生鲜新玩家：中国石化正式卖菜，一铺开就是全国第一》收到1.9万个“在看”。

CGTN记者现场体验买菜，视频化传播让公众更容易体会到无接触买菜的便利。CGTN 在报道 *Sinopec's unusual move amid coronavirus outbreak could be a business success* 中称：自从一个多月前新冠肺炎疫情暴发以来，获得食物和其他必需品对中国的每个家庭都非常重要。中国石油巨头中国石化正在以一种免触摸的方式销售食品杂货，这种方式在车主中越来越受欢迎。中国石化营销北京公司副总经理曾涛表示，在目前疫情暴发期间，买杂货并不容易。超市可能很拥挤，人们希望避开拥挤的人群。在供应方面，许多农民很难卖出他们的产品。作为一家大型央企、国企，中国石化正在把供求联系起来，以履行企业的社会责任。中国石化于 2020 年 2 月 8 日在北京开始销售食品杂货业务，目前已售出 110 吨蔬菜。每天售出蔬菜量超过 10 吨。由于中国石化在 147 个城市的 6100 家易捷便利店增加了该项业务，这个数字可能达到 10 倍之多。

CGTN 记者现场体验买菜
资料来源：中国国际电视台。

传播实录 6：协产儿童口罩，及时吆喝开卖，让家庭安心

疫情期间，越来越多的企业转型或跨界生产防疫物资。企业发挥自身产业优势，积极向公众释放物资保供类议题，更易获得舆论的广泛关注和支持。

一是官微先行，企业口碑和影响力同步提升。针对少年儿童口罩缺乏的现状，中国石化迅速行动，紧急协调儿童口罩全自动生产设备运抵北京，全力保障生产所需熔喷布及无纺布等原料资源的供应。同时，新闻发布与企业行动同步进行，及时于微信公众号发布文章《中国石化协产儿童口罩来了！每天30万只！》，表示为全力做好开学前防疫物资保障，中国石化积极协同合作生产企业组建儿童口罩生产线，并通过线上、线下多种模式加快供应市场。2020年4月，少年儿童口罩日销量已达30万只。文章一经发布，阅读量迅速达到“10万+”。

这条中国石化微信公众号文章评论区里，网民纷纷点赞、评论，“厉害了，中国石化！”“咱们中国石化的双层熔喷布口

罩做得用心、买得放心、戴得安心”“之前网购的中国石化外科口罩和儿童口罩前几天到货了，质量都很棒”等。

二是央媒背书，相关信息瞬间刷屏各大主流媒体。人民网、新华网、中证网等权威央媒参与报道，给予中国石化高度评价，突出体现中国石化作为央企在稀缺物资“跨界”保供方面的引领作用。

2020 年 4 月 15 日，新华网客户端文章《中国石化协产儿童口罩，近 3 万家企业跨界“抗疫”！多家公司一季度业绩因此倍增》中指出，为了缓解口罩核心原料熔喷布产能紧缺，中国石化党组决定，公司利用自有原料生产优势，快马加鞭地建设 10 条熔喷布生产线。4 月 10 日和 4 月 12 日，中国石化燕山石化和仪征化纤各自的第三条熔喷布生产线先后投产成功。

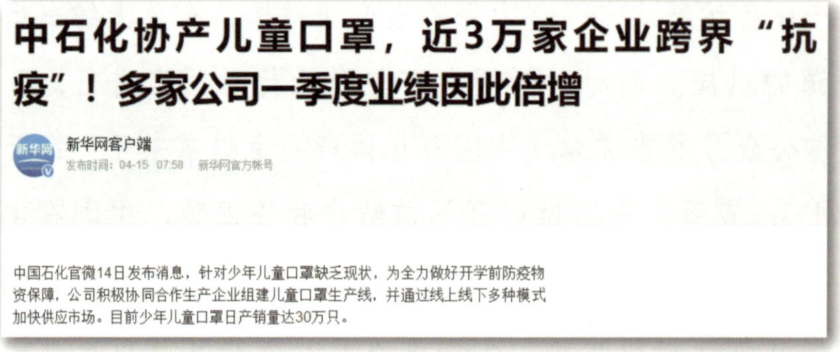

中石化协产儿童口罩，近3万家企业跨界“抗疫”！多家公司一季度业绩因此倍增

新华网客户端
发布时间：04-15 07:58 | 新华网官方帐号

中国石化官微14日发布消息，针对少年儿童口罩缺乏现状，为全力做好开学前防疫物资保障，公司积极协同合作生产企业组建儿童口罩生产线，并通过线上线下多种模式加快供应市场。目前少年儿童口罩日产销量达30万只。

中国石化协产儿童口罩
资料来源：新华网。

至此，中国石化已有6条熔喷布生产线相继建成投产，可日产熔喷布14.7吨（其中，燕山石化10.2吨，仪征化纤4.5吨），每天可助力生产医用平面口罩1470万只。

三是抖音助力，传播形式多样，网民反响好。通过抖音小视频形成高热度传播，点赞量达22.3万，评论量达1.8万。视频传播形式直观生动，引发网民频频评论、点赞，称“我买给女儿用，不错”“这个正宗”“今天收到了，不错”“质量很好！3岁宝宝佩戴刚刚好”等。

传播实录 7：高调承诺稳民心，油气及医疗用品保供应

针对医用口罩等医疗物资紧缺的情况，中国石化积极参与到油品和医疗用品保供的行列中。作为国内年产近百万吨的最大医卫用材料供应商，中国石化向全社会承诺：抗疫期间，中国石化生产的医疗卫生用物资相关原料一律不涨价；旗下 3 万座加油站油品除执行国家原有调价规定外一律不涨价；易捷便利店经营的非油产品一律不涨价。此外，将继续调整产能，优先排产医卫用品原料，保障其优质、足量，及时供应，预计 2 月将生产 9.5 万吨，比 1 月增产 3 万吨。

主流权威媒体广泛报道，强化信息扩散力与企业公信力。受到新华网、经济参考报、中国经济网等媒体关注，相关话题共获报道 1909 篇。经济日报网发表文章《中国石化：全力打赢防疫攻坚战》，给予中国石化高度评价，称中国石化总部和全国各地企业都已纷纷行动起来，坚守一线做好生产、服务

的同时，努力通过各种渠道教育引导广大干部、职工保障自身安全、维护安全生产。文章援引中国石化党组书记、董事长张玉卓的要求，“要在坚决打赢疫情防控阻击战中践行初心使命，体现责任担当”。

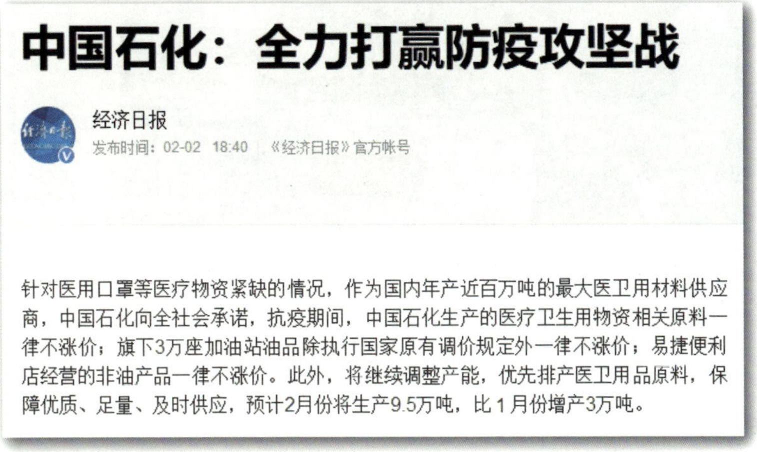

中国石化：全力打赢防疫攻坚战

经济日报
发布时间：02-02 18:40 《经济日报》官方帐号

针对医用口罩等医疗物资紧缺的情况，作为国内年产近百万吨的最大医卫用材料供应商，中国石化向全社会承诺，抗疫期间，中国石化生产的医疗卫生用物资相关原料一律不涨价；旗下3万座加油站油品除执行国家原有调价规定外一律不涨价；易捷便利店经营的非油产品一律不涨价。此外，将继续调整产能，优先排产医卫用品原料，保障优质、足量、及时供应，预计2月份将生产9.5万吨，比1月份增产3万吨。

中国石化产品不涨价，大量生产原材料，全力服务社会
资料来源：经济日报。

中国经济网发表文章《战“疫”，企业积极行动》，在疫情最为严重的湖北省，中国石化向湖北省红十字会捐赠5000万元现金用于疫情防控，这是中国石化向武汉市捐赠200吨消毒用品之后的又一次捐赠。为支援“雷神山”医院建设，中国石化还免费为建筑工地提供16500升柴油和1000桶工程机械润滑油。

战“疫”，企业积极行动

2020年02月04日 08:11　来源：经济日报-中国经济网

[手机看新闻] [字号 大 中 小] [打印本稿]

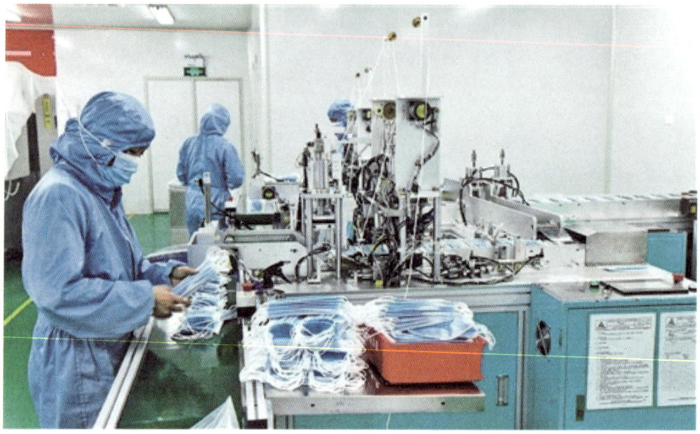

连日来，湖北宜昌奥美医疗用品股份有限公司车间里一派繁忙景象，工人们分三班加紧生产医用口罩。 方明墨摄

中国石化积极为抗疫提供服务
资料来源：中国经济网。

传播实录 8：招聘轮番加码，多平台发起“真诚邀约”

疫情发生以来，国资委根据党中央、国务院决策部署，决定组织实施国资央企“抗疫稳岗扩就业”专项行动。中国石化迅速行动，出台稳定农民工岗位和使用数量、扩大毕业生招生规模、加大社会人才招聘力度、抓好贫困地区就业帮扶工作等针对性措施。中国石化开展稳就业系列宣传，主要特点如下。

一是与中国石化在抗疫中“敢为先”的风格保持一致。国资委党委实施“抗疫稳岗扩就业”专项行动后，中国石化快速反应，在各大央企中继续保持领先势头。中国石化率先发布各项招聘计划，积极推进、落细落实，被媒体称为“首家响应国家扩招政策的国企”“稳就业、保民生、促发展的排头兵”。

二是声势浩大，展现企业诚意和担当。通过校园招聘、高层次人才招聘、专业公司招聘相结合的形式，推出“组合拳”；通过中央媒体集中报道（新闻通稿）、官方微博、微信账号和抖音循环发布的形式，不断把就业信息传递给目标群体，把宣传工作“做细”，让目标受众感受到中国石化的“真诚邀约”。

三是重视分众传播，覆盖不同行业、不同地域受众。例如，中国石化为加大对湖北等疫情严重地区及贫困地区的就业支持，高校毕业生招聘向中国石化定点扶贫地区、湖北地区生源倾斜，同时面向各对口支援和定点扶贫县开展专项招聘活动。相关话题受到湖北日报等地方主流媒体的关注，提升了中国石化在重点区域的美誉度。

四是抗疫期间的便民服务宣传形成的叠加效应，在客观上起到了展示企业实力的作用。例如，疫情期间因“跨界”卖菜走红的易捷品牌推出了多个就业岗位，“‘跨界神店’易捷部门

布局新零售，中石化易捷疫情期间重磅招聘
新华网客户端
发布时间：03-23 14:55 新华网官方帐号

中国石化疫情期间重磅招聘
资料来源：新华网。

总经理等60个岗位重磅招聘”“布局新零售，中国石化易捷疫情期间重磅招聘”被广泛传播，展现了中国石化非油业务板块的良好发展势头。

二、行业动能：纵横产业，激活链条促复工

在社会重大公共事件中，央企、国企作为诸多核心行业的引领者，更应发挥产业链牵引作用，立足行业价值促进经济产业的快速恢复与稳定运转，帮扶产业链中的中小企业实现行业价值的转化。央企、国企身处社会正常运转的关键产业环节，即使受到疫情的影响仍未停止工作，甚至需要付出更多，以保障安全防疫下的高效供给。

1. 立足自身优势资源，创新产业链价值

重大公共事件对整个社会都是一场“大考”，央企作为“国家队”在国内疫情防控形势持续好转、复工复产有序推进的情况下，更应立足自身优势资源，积极发挥行业牵引作用，通过上下游联动、打通堵点、解决难点、补上断点，创新产业链价值，帮扶产业链中的中小企业实现行业价值的转化。

2. 对内严要求，对外树榜样

疫情下，企业严格执行国家有关疫情防范规定，各岗位有序开展工作，获得在职员工零感染的成绩。这些成绩起到缓解焦虑的作用，还能稳定公众复工情绪，其防疫经验的输出也为其他社会企业复工复产提供了更多借鉴。

传播实录 9：四大议题，组合发布：拟投资 200 亿元助力湖北疫后重振发展

2020 年 6 月 3 日，国务院国资委与湖北省委、省政府共同召开中央企业助力湖北疫后重振发展视频会。会上，中国石化党组书记、董事长张玉卓宣布：中国石化将在湖北投资 200 多亿元，助力湖北疫后重振发展，大力推动当地产业基础高级化、产业链现代化。

疫情期间，中国石化认真贯彻党中央、国务院决策部署，“闻令而动、挺身而出”，始终与湖北人民守望相助、共克时艰。例如，紧急增产保供紧缺医卫物资，全力保证所属企业运行不间断、油气不断供、商品不涨价、服务不打烊；第一时间组织捐款捐物，在助力打赢湖北保卫战、武汉保卫战中，作出了自己应有的贡献。

中国石化助力湖北疫后重振发展拟投资四个方面，新闻宣传也从这四大议题切入，聚焦助力湖北疫后重振的实际行动，体现企业对行业、产业的价值。

一是聚焦产能提升，释放区域产业发展预期。合作推进鄂西页岩气勘探开发，力争“十四五”期间建成 10 亿方产能，

同时加快推进江汉盐穴天然气储气库建设。

二是呼应环保可持续，强调企业价值升级。落实长江大保护要求，加快实施中韩石化炼油结构调整等重大项目，助力湖北石化产业提档升级。

三是聚焦产业链共建，释放企业共赢发展立场。完善湖北成品油销售网络，积极谋划发展地热、氢能、江水源等新能源项目，助力绿色能源基地建设。

四是履行社会责任，呼应基层需求。加大对湖北地区高校、湖北籍毕业生的招聘力度，创造条件增加农民工岗位，助力湖北稳就业。

中国石化按照党中央决策部署，在国务院国资委的领导下，扎实做好“六稳”工作、全面落实“六保”任务，全面提升合作水平，努力为荆楚大地启动新引擎加油助力。

中国石化出资支援湖北发展
资料来源：新华网。

传播实录10：以数字见证，为中小微企业减免租金1.39亿元

“真是没想到，中国石化雪中送炭，主动给我们减免房租。感谢中国石化！感谢共产党！我们一定加倍努力，好好经营，不裁员，和大家一道共渡难关。”

——西城区煤市街138号北京天顺人和餐厅负责人

2020年4月，国务院连续召开会议，要求国有企业尤其是央企，带头帮扶制造业和服务业企业缓解房租、用工等成本压力，助力企业尤其是大批中小微企业“扛”过难关。按照这一精神，中国石化迅速梳理了全系统出租房产、闲置土地和与中小微企业的合作经营情况，并积极落实减免措施。

2020年4月23日，中国石化北京石油分公司宣布，将为56户小微企业、4户中型企业和1户个体工商户减免上半年租金139.58万元。这是中国石化积极响应党中央、国务院号召，履行社会责任，为符合条件的中小微企业和个体工商户减免租金所采取的又一具体行动。

对此，我们借势及时进行对外宣传，通过新闻标题突出减免总额，彰显中国石化积极履行责任，将社会责任置于经济利益之上。新闻稿一经发布，由界面新闻率先报道，获得阅读量1.7万，人民网、新华网等主流媒体纷纷进行转载，累计新闻报道量达238篇。我们通过及时发声，传递积极信号，提振了中小企业渡过难关的信心，为维护社会稳定贡献了石化力量。

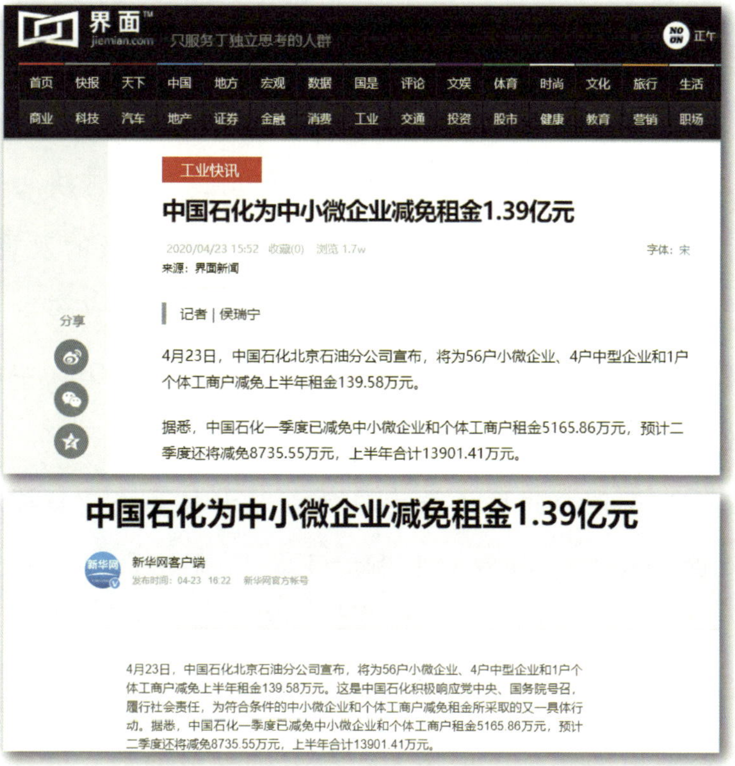
界面 jiemian.com 只服务于独立思考的人群

首页 快报 天下 中国 地方 宏观 数据 国是 评论 文娱 体育 时尚 文化 旅行 生活

商业 科技 汽车 地产 证券 金融 消费 工业 交通 投资 股市 健康 教育 营销 职场

工业快讯

中国石化为中小微企业减免租金1.39亿元

2020/04/23 15:52 收藏(0) 浏览 1.7w 字体：宋

来源：界面新闻

记者 | 侯瑞宁

分享

4月23日，中国石化北京石油分公司宣布，将为56户小微企业、4户中型企业和1户个体工商户减免上半年租金139.58万元。

据悉，中国石化一季度已减免中小微企业和个体工商户租金5165.86万元，预计二季度还将减免8735.55万元，上半年合计13901.41万元。

中国石化为中小微企业减免租金1.39亿元

新华网客户端

发布时间：04-23 16:22 新华网官方帐号

4月23日，中国石化北京石油分公司宣布，将为56户小微企业、4户中型企业和1户个体工商户减免上半年租金139.58万元。这是中国石化积极响应党中央、国务院号召，履行社会责任，为符合条件的中小微企业和个体工商户减免租金所采取的又一具体行动。据悉，中国石化一季度已减免中小微企业和个体工商户租金5165.86万元，预计二季度还将减免8735.55万元，上半年合计13901.41万元。

中国石化为中小微企业减免租金

资料来源：界面新闻；新华网。

传播实录11：“持续攻坚创效”行动，传递复工复产信号

进入2020年2月后，中国石化生产经营形势异常严峻。面对困局，中国石化党组做出“一手抓疫情防控、一手抓生产经营”的总体安排。3月23日，中国石化宣布，即日起至6月30日在全系统启动“攻坚创效”行动，以超常决心、超常举措、超常力度，全力化解疫情和油价暴跌带来的双重压力，力争二季度实现更好的经营业绩，为完成全年生产经营目标和经济效益目标打下坚实基础。在复杂严峻的形势下，中国石化以“攻坚创效”行动为抓手，在开拓市场、优化调整、挖潜降本、安全生产四个维度上发力见效，努力打赢疫情防控和生产经营这两场硬仗，争取双胜利，更好地服务党和国家的工作全局。

该行动受到新华社等中央媒体的广泛关注以及各企业的积极参与，同时通过“一图读懂”等更加鲜活的形式进行多平台联动传播，也取得了较好的传播效果，截至6月底，相关新闻达5280篇。

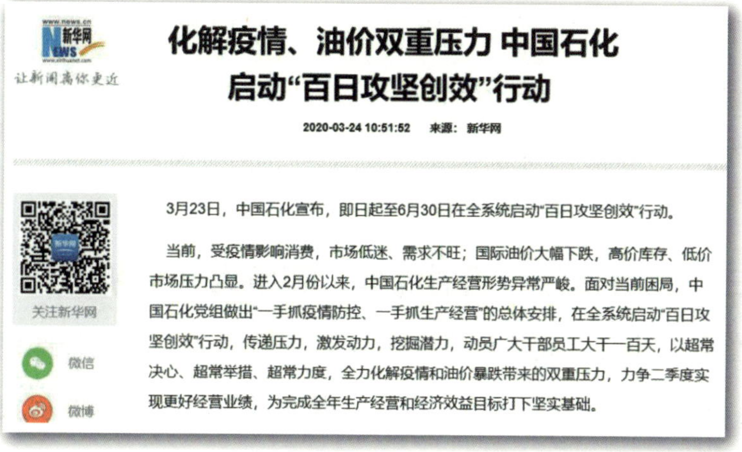

新华网 让新闻离你更近

化解疫情、油价双重压力 中国石化启动“百日攻坚创效”行动

2020-03-24 10:51:52　来源：新华网

关注新华网

微信

微博

3月23日，中国石化宣布，即日起至6月30日在全系统启动“百日攻坚创效”行动。

当前，受疫情影响消费，市场低迷、需求不旺；国际油价大幅下跌，高价库存、低价市场压力凸显。进入2月份以来，中国石化生产经营形势异常严峻。面对当前困局，中国石化党组做出“一手抓疫情防控、一手抓生产经营”的总体安排，在全系统启动“百日攻坚创效”行动，传递压力，激发动力，挖掘潜力，动员广大干部员工大干一百天，以超常决心、超常举措、超常力度，全力化解疫情和油价暴跌带来的双重压力，力争二季度实现更好经营业绩，为完成全年生产经营和经济效益目标打下坚实基础。

中国石化启动“百日攻坚创效”行动
资料来源：新华网。

“攻坚创效”明白纸
资料来源：中国石化党组宣传部。

中国石化党组宣传部编制了“攻坚创效”明白纸（贴画），用于激励全系统内部深入学习，明白纸的身影遍布于基层井队、车间、加油站等。

三、践行责任：因时而异，有所为，有所不为

在重大社会公共事件中，企业的所作所为，既是外部评价企业形象、衡量企业声誉的重要标准，也是重塑或提升企业形象的关键时机。同时，企业的社会价值迅速抬升，也成为提升企业价值的首要因素。

央企、国企在关系国家安全和国民经济命脉的主要行业和关键领域占据支配地位，比其他性质的企业使用了更多的社会资源，因此大“疫”当前，理应比别的企业承担更多社会责任，而履行社会责任需要因时而异，做到有所为，有所不为。

一是赋予社会责任“最高优先级”。一个企业，在日常经营中更多地肩负着经济责任，是以生产经营为主，兼顾履行社会责任。但是，当社会重大公共事件发生时，公众对企业有着特定的期待，赢得社会广泛赞誉的标准，已经不是其盈利能力，而是在关键时刻企业是否勇于承担社会责任。中国石化副总经理、抗疫物资供应协调小组组长，被同志们戏称为“口罩组长”的刘宏斌曾说：当市场“供大于求”的时候，企业应把“经济责任”放在第一位；当市场“供不应求”的时候，则应把“社会责任”放在第一位。因此，在重大

社会事件发生时，企业应协调两者之间的关系，在经济能力可承受的情况下，把社会责任放在第一位，切不可发“国难财”。

二是不唯利是图，不与民争利。央企、国企应当体现国家和人民的整体利益，在本质上就与非国有经济有所区别，不能唯利是图，不能与民争利，将维护市场秩序和全社会就业稳定、保护产业链下游企业置于“最高优先级”。

三是以全局为重，顾全大局。当经济效益与社会需求发生冲突、矛盾时，在社会经济危机时刻，企业还是要以大局为重、顾全大局。例如，在抗疫取得阶段性胜利后，企业应着眼国家“六稳、六保”的大局，适时“功成身退”地让利于民，将社会责任置于企业经济利益之上，通过“有所不为”将企业价值提升到更高境界。

传播实录 12：中国石化进军口罩生产之“做”与“不做”

2020 年疫情初期，为缓解“一布难求”“口罩难买”的燃眉之急，中国石化率先发起“跨界”驰援。当时，中国石化的易派客贸易商手里存有一批熔喷布，但是没有口罩机和生产商，中国石化希望利用熔喷布原料库存，尽快找到口罩生产商合作伙伴。

1. 积极有所为

（1）“跨界”找合作。

2020 年 2 月 6 日，易派客通过中国石化官微发布“我有熔喷布，谁有口罩机？”的合作信息，3 个小时内成功对接合作商，3 天之内成功对接 11 条口罩合作生产线，迅速联结了供产销。从生产聚丙烯原料、熔喷料，到熔喷布，最后到口罩，中国石化打通产业链，“跨界”生产口罩。这相当于一个种麦子的，开始自己磨面粉、擀面皮、蒸花卷了。

做口罩好比“蒸花卷”
资料来源：中国石化党组宣传部。

（2）转产增产熔喷布。

疫情期间，口罩原料熔喷布紧缺、价格飞涨，李克强总理在考察中国石化合作伙伴民营企业纳通公司的口罩生产线时指出，熔喷布价格已经从每吨 1 万多元涨到每吨 60 多万元，要求中国石化迅速转产熔喷布。作为国有企业，关键时刻要承担起社会责任。因此中国石化立即转产增产熔喷布，为提高产能连续投资 2 亿元，在燕山石化、仪征化纤紧急上马 16 条熔喷布生产线。它们以“火神山”速度，从无到有，12 天建成第一条熔喷布生产线，76 天建成全球产能最大的万吨级熔喷布生产基地，年产能达1.35万吨。目前，中国石化累计生产熔喷布超2200吨，可助力增产医用口罩22亿只，供应熔喷布生产厂家130余家，展示了战“疫”必胜的央企速度、中国速度。

（3）承诺不涨价。

中国石化信守承诺：熔喷布等医卫原料一律不涨价。在熔喷布资源的配置上，发挥易派客平台优势，协同政府相关部门统筹配置熔喷布资源，全部平价定向供应口罩生产企业用于制作口罩，有效平抑物价，缓解了防疫物资供给紧张的局面。

中国石化的抗疫行动有力支援了全国的疫情防控和复工复产，助力全球防疫抗疫，得到了国内外社会的广泛赞誉，获得了中央领导、国家相关部委的称赞，赢得了百姓的广泛好评。“国家需要什么就生产什么，要让人民买得到口罩、买得起口罩”的责任承诺深入人心，再次树立了负责任的企业形象，将公共关系建设推向新的高度。

2. 有所不为

中国石化的关键决策过程是生产不生产“中国石化”牌口罩。当时“我有熔喷布，谁有口罩机？”一举成名，“跨界”生产熔喷布、口罩等举措，给中国石化带来了很高的外部声誉，社会期待也很高。中国石化完全可以顺理成章地把转产熔喷布、保障口罩供应等无形的声誉，固化升级为有形的“中国石化”牌口罩。

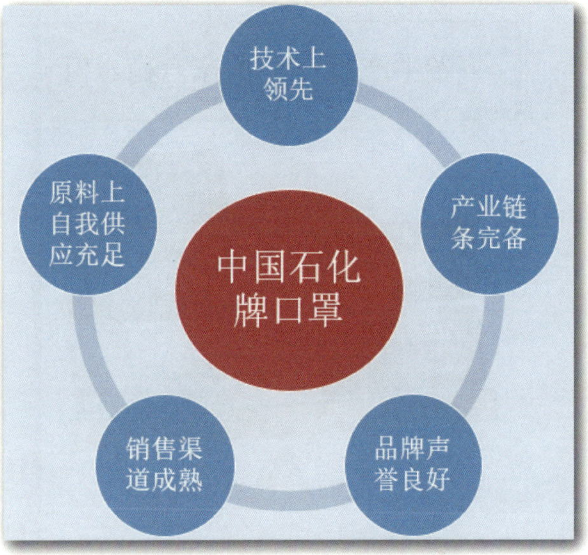

“中国石化”牌口罩
资料来源：中国石化党组宣传部。

考虑到中国石化在技术上领先、原料上自我供应充足、产业链条完备、销售渠道成熟、品牌声誉良好，如果顺势推出“中国石化”牌口罩，可以一举占领市场，将“中国石化”牌口罩培育为新的业务增长点。为此，宣传部（品牌部）曾极力主张生产“中国石化”牌口罩，并多次向上级部门提出建议。

但是集团领导没有同意，并且非常坚定、清楚地表示：如果中国石化进军了口罩市场，就会直接给30万个下游的口罩生产商带来压力，挤压了他们的生存空间，他们的处境将更加艰难，那么企业生存如何得到保障？它们的员工和家庭生活又

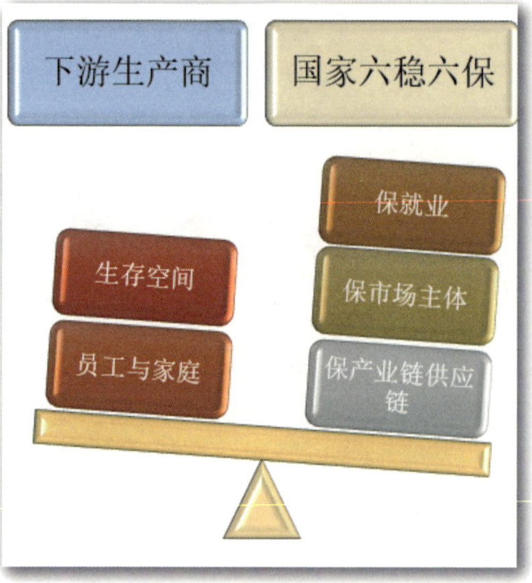

社会责任高于经济利益
资料来源：中国石化党组宣传部。

如何得到保障？这与国家要求的“六稳、六保”中的稳就业、保市场主体、保产业链供应链稳定等不相符。

最终，中国石化选择不做中国石化品牌的口罩生产商，而是与民营企业如北京纳通科技集团有限公司合作生产纳通品牌口罩，与石化相关的品牌仅有易捷公司的品牌“EASY JOY”。中国石化将维护市场秩序和全社会就业稳定、保护产业链下游企业置于“最高优先级”，不与民争利，而是与竞争对手和谐共存，将社会责任置于企业经济利益之上。此时选择“有所不为”，是在承担社会责任。

03

第三章

渠道、产品与内容，价值传播效益最大化

第一节

应势而动，顺势而为

企业价值传播要注重传播的社会效应和主流价值，要提高舆论引导能力，应在有限的时间和空间里，在传播渠道、产品和内容上不断创新，通过多种载体联动，有效地整合资源，形成立体化的报道效果，最大限度地发挥企业价值的正向传播效应，从而探索传播效益的最大化。

防疫抗疫期间，中国石化调动各方力量、运用多种手段、整合各种资源，采用全平台、全媒体、全过程、全覆盖以及分阶段、分节奏的“四全两分”的传播方式，传播中国速度和央企责任，使传播活动引起社会的强烈反响，得到媒体和公众的广泛赞誉，彰显中国石化作为央企的责任担当。

一、阶段拆解发布:“四全两分法”释放口罩生产信息

企业在进行传播策划时，需要具有一定的媒体思维，不但要对媒体比较关心、关注的行业议题有所了解，还要结合社会热点变化，有计划地、主动地打造出能够吸引全网报道的有新闻价值的议题。发挥企业的能动性，将新闻传播规律与企业生产规律相结合，把企业行动转化为有新闻价值的社会热点，引发社会的广泛关注。

1. 快速抓住时下新闻事件热点

如何快速抓住时下新闻热点，是做好企业传播的第一步。通常可以通过关注微博热门话题、媒体的头条新闻等发现热点，并结合当期互联网舆论流行话语体系，有针对性地准确切入用户语境。此外，针对可以被预测和长线切入的“常规类”热点，如本次抗疫期间各舆论参与方对口罩产、供、储、销全流程的关注。中国石化新闻办的同志们提前策划介入，利用媒体正在关注的热点方向，在媒体尚未形成报道的阶段，有针对性地迎合内容进行策划生产。

2. 找到与企业契合的不同切入点

在做热点传播策划时，企业首先要把握热点趋势，找到该热点与企业自身业务特征的结合点，这也是一切的先决条件。相同的热点话题和角度，媒体平台不会重复推荐，因此针对同一个热点，企

业只有从独特的角度切入才能与众不同，获得较好的传播效果。

在解决口罩供需矛盾阶段，中国石化根据社会需求，积极释放燕山石化、仪征化纤上马熔喷布生产线，燕山石化与国机恒天集团合作建成熔喷布生产厂，打通口罩生产全产业链等相关媒体消息。同时，建议推动企业投产儿童口罩，并尽快上市售卖，发布“中国石化开卖儿童口罩”的新闻。策划并协助推动中国石化所属企业采购湖北农产品，举办“荆楚优品”暨湖北助农扶贫特色产品云订货启动会，发布“累计采购湖北特色产品 1.1 亿元”等热点新闻。

这些议题不但使企业当期受到社会关注，同时借力中国石化自身业务特征与渠道优势、产业链优势，抓住每一个关键节点进行拆解传播，让“跨界”成为中国石化特殊时期的特有标签，在体现央企、国企责任的同时，也吸引了更多受众关注，增加互信。比如，中国石化在口罩产业链中原本是上游聚丙烯原料的生产者，为了保障中游熔喷布价格稳定和下游口罩产品的质量和供应，决定打通产业链，全面介入熔喷料、熔喷布和口罩生产，实现“跨界”支援。

传播实录 13：缺口罩？缺熔喷布？我们跨界！我们转产！

疫情期间最棘手的社会问题是口罩紧缺。在口罩生产环节，熔喷布成了“堰塞湖”，熔喷布生产成为社会和媒体关注的重点。中国石化把握“时度效”，应势宣布：缺口罩？缺熔喷布？我们跨界！我们转产！

从 2020 年 2 月 24 日决定建设生产线到 3 月 9 日首批新产熔喷布出厂，中国石化采用全平台、全媒体、全过程、全覆盖以及分阶段、分节奏的“四全两分”的传播方式，陆续发布“中国石化决定速上 10 条熔喷布生产线”“燕山石化 2 条熔喷布生产线即将完成主体安装”“提前 48 小时！中国石化产出合格熔喷布”“燕山石化第一批熔喷布成功出厂”“中国石化首批熔喷布产品制成口罩”“再建 6 条熔喷布生产线，中国石化已打通从石油到口罩的全部环节”等通稿，中央电视台《新闻联播》等节目播出 4 条视频新闻。

可以说，针对这次事件，中国石化成功进行了一次集报纸、电视、微博、微信、直播等于一体的全媒体同步传播。吸

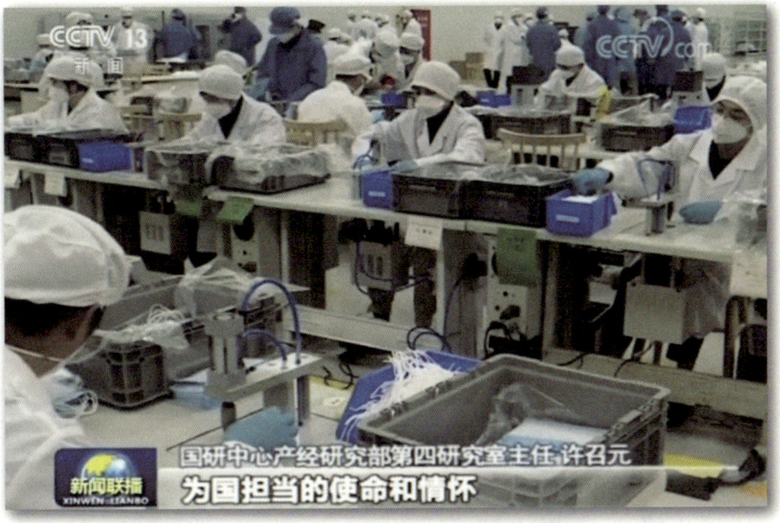

中国石化已打通从石油到口罩的全部环节
资料来源：央视新闻联播。

中国新闻网
WWW.CHINANEWS.COM

首页 → 产经中心

中国石化决定速上10条熔喷布生产线

2020年02月25日 19:01 来源：中国新闻网

中新网2月25日电 昨日，中国石化党组决定，针对当前全国疫情防控形势严峻、口罩核心原料紧缺的局面，利用自有原料生产优势，立即组织货源，快马加鞭建设10条熔喷布生产线。

熔喷布是口罩的“心脏”，用于医用口罩中间的过滤层，具有很好的过滤性、阻隔性、保温性和吸附性。中国石化将积极开展产业链合作，加快节奏直接生产熔喷料、熔喷布和口罩，尽快形成新的医用口罩原料和口罩产能。

中国石化速建 10 条熔喷布生产线
资料来源：中国新闻网。

中国石油石化 CHINA PETROCHEM

首页 资讯 观点 报道 专题 人物 趋势 加油技能 生活

国内 国际 政策 读图

位置导航：首页 > 资讯 > 国内

中国石化燕山石化首批新投产熔喷布出厂

2020年03月09日 16:24 来源于：中国石化集团 打印 字号

3月9日下午，一辆满载中国石化熔喷无纺布(简称熔喷布)的卡车驶离燕山石化生产厂区，奔向北京铜牛集团，以缓解该公司口罩原料短缺的燃眉之急。车上装载的36箱1.26吨熔喷布,是由中国石化燕山石化新建熔喷布生产线建成投产后销售出厂的第一批产品。

首批新投产熔喷布出厂
资料来源：中国石油石化。

引中央电视台、中国国际广播电台、新华社、新华网、北京日报、北京电视台、凤凰卫视等媒体进行了现场采访，人民网、光明网、经济日报、界面新闻、澎湃新闻、中国证券网、证券时报网等国内外400余家媒体专题报道，报纸、电视、广播、网络等各类媒体发表和转载报道2426篇，百度搜索达到103万篇，得到广大媒体和民众的赞誉。

二、直播石化速度：全平台“云监工”齐力见证

疫情期间，社交平台成为广大网民了解疫情最新动态和发展趋势的重要渠道，也成为各大企业宣传工作的重要阵地。仅 2020 年 2 月，抗疫工作开展的第一个月，微博平台疫情相关话题的数量便突破 10 万个，话题总阅读量接近 4000 亿人次。同时，抖音、快手等短视频平台也齐发力，加大防疫抗疫宣传，相关正能量短视频达数千万条。

1. 借助短视频等高效传播

在重大公共事件中，简短、直观的视频类信息能够有效缓解网民的信息饥渴状态。企业应顺势而为，主动“拥抱”短视频、Vlog 等新兴传播方式，传递企业抗疫一手信息，主动策划相关主题、宣传疫情、号召科学防控等，以帮助受众快速抓住主要信息，提高企业传播效率。

2. 直播及直播带货等新应用受到追捧

受疫情影响，网络直播对新模式、新业态的出现发挥了助推作用。“直播 + 带货”成为各大电商平台和商家企业的标配模式，不仅范围覆盖汽车、房地产、文化、旅游、教育等几乎所有生活消费领域，也打破并创新了原有的产业链，逐步嵌入各企业的用工、生产和销售环节，从原料供应等各方面为企业赋能，助力企业的业务运营和创新发展。

传播实录 14：石化速度：“学习火神山，半月建座厂”

全国战“疫”的非常时期，5000 万人云监工“火神山”建设直播火遍全网。结合互联网传播新形势和新技术，充分利用当下较火的新媒体平台，结合视频化传播的趋势，打造了直播和短视频的“现象级”传播，使直接覆盖人次超 9000 万。

在国资委宣传局和新闻中心指导下，中国石化联合中国电信、央视频、快手，通过“@ 国资小新”平台组织开展了“学习火神山，半月建座厂”的 48 小时慢直播活动，同时组织系统内 5 位网红主播和网友一起“云监工”，在一直播平台进行同步直播，帮助网友解读工程建设。48 小时，有 1700 余万人次在线“云监工”。

中国石化微博、微信、今日头条发布“燕山熔喷布项目”相关文章 70 余篇，阅读量 320 余万次，其中“口罩原料来了，请您云监工！”“这么脏的东西居然用来做口罩！”等多篇文章阅读量达到“10 万 +”；中国石化在抖音、快手等短视频平台发布“燕山熔喷布项目”短视频51篇，播放量达7230万次、点赞量114万个。其中，“为了口罩、我们拼了”播放1609万次，“熔喷布真是喷出来的”播放1980万次，“燕山熔喷布项目半月建座厂”播放1054万次。直播和短视频传播得到广大网友的点赞和“打call”：“无数口罩在向我们奔来！”“为中国石化的社会责任感点赞”“跨界担当，中国石化民族脊梁”“中国制造，牛”。

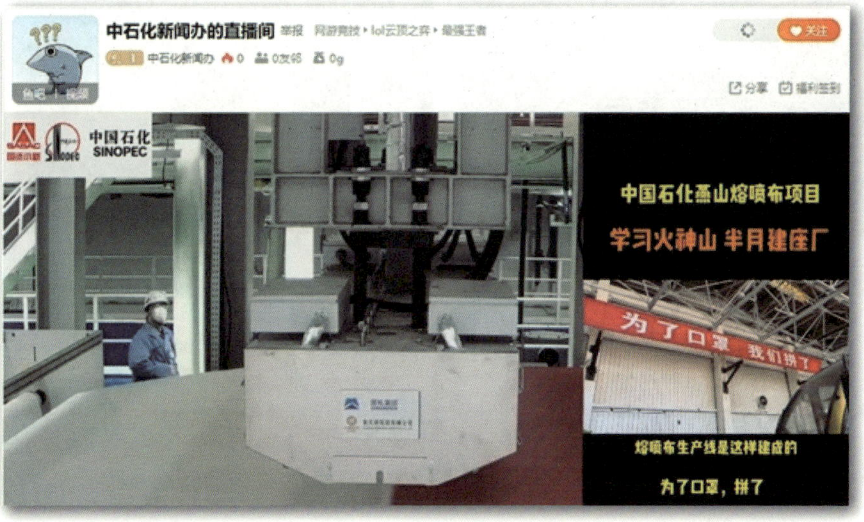

中国石化新闻办直播间
资料来源：中国石化新闻办。

中国石化抗疫直播

资料来源：中国石化微信公众号。

短视频助力传播
资源来源：抖音；梨视频。

第二节

差异突围，让新闻有时代特征

在战“疫”宣传浪潮中，各方声音交织繁杂，常态新闻很容易被淹没。而中国石化得以突围，归功于在宣传上善于紧扣企业自身优势，通过定制“内容与平台”，打造信息传播“加速器”，实现差异化传播。总体来讲，就是针对不同的内容，要配备个性化的技术传播手段；针对不同的新闻产品，要有不同的传播平台，才能取得最大的传播效果。

一、权威看央媒：强信心、暖人心、聚民心

疫情期间，央媒准确及时地报道党中央、国务院的重大决策部署、重要新闻发布会、各地区各部门的防控举措和行动等，充分发挥了强信心、暖人心、聚民心的舆论引导作用，为打赢疫情防控阻击战提供了有力的舆论支持。

1. 央媒的权威性具有一定的“背书”作用

疫情期间，各平台有关疫情的信息爆炸式增长，各种不实信

息也不断滋生，谣言四起，海量的信息扑面而来。在此情况下，公众选择相信的无疑还是具有“国家队”“主力军”身份的央媒。在重大公共事件中，信息旋涡现象越突出，央媒的权威作用就越凸显。

2. 央媒的权威性具有巨大的影响力

央媒在重大公共事件报道方面具有中流砥柱的作用。疫情期间，人民日报、新华社等中央主流媒体及时、密集地发布疫情信息，开设相关直播专题，从新闻发布会到方舱医院现场等，多平台联动，同步直播防控实况，起到了不可替代的关键作用，其权威性和全媒体功能对舆论场影响作用巨大。这也提醒企业在重大公共事件中要充分利用央媒的权威性，有针对性地进行定调和舆论引导，从而提高传播效能。

中国石化在抗疫过程中，借助央视、人民日报等权威媒体进行了大量深度报道，取得了较好的传播效果。

如新闻通稿《提前 48 小时！中国石化产出合格熔喷布》，央视《新闻联播》、新华社、人民日报均给予重点报道，各类媒体报道相关新闻（资讯）1693 篇。同时，人民日报要闻版刊登了图片新闻《生产线，开工了》，报道了燕山石化熔喷布成功投产。

新华社连续发布《口罩核心原料熔喷布生产线在北京燕山石化开车成功》《中央企业加快熔喷布产能布局》2 篇通稿，对北京燕山石化熔喷布生产线进行深入报道。

中央电视台新闻联播播出燕山石化成功产出熔喷布，随后CCTV-2经济信息联播在《熔喷布市场调查》栏目与CGTN（中国国际电视台、中国环球电视网）均播出了中国石化生产口罩核心材料的相关内容。

2020年3月9日经济信息联播《熔喷布市场调查》
资料来源：央视财经频道。

二、时效靠微博：速度快、范围广、互动强

随着移动互联网的快速发展，微博作为网民集中参与、发表观点的聚集地，以传播速度快、传播范围广、互动性强等优势得到广泛应用，各央企、国企纷纷积极主动开通官方微博账号，及时发布

企业相关信息。尤其在突发事件的应对中，微博的作用特别值得重视。为此，充分了解并利用好微博的特性，结合企业实际需要进行传播显得尤为重要。

1. 官方发布，简短明确

以新浪微博为例，由于每条微博有 140 字的字数限制，所以必须长话短说直达要点，这也使受众可以便捷地快速阅读，以达到快速传播的效果。企业在通过官方微博发布消息时，应尽可能保持简短明确的风格。

2. 快速准确，避免“空窗期”

传播速度快是一把“双刃剑”，如果官方没有及时表态，就很容易滋生谣言或虚假信息，随之会迅速充斥整个网络。在突发事件应对中，企业可以通过官方微博这一渠道及时准确地发布相关信息，针对舆论质疑点进行充分释疑，有效避免因谣言传播而造成的舆论恐慌情绪。

3. 借势热点，提升传播效果

企业可以将微博作为社会化渠道和工具，及时发现社会热点并迅速参与，充分利用微博高时效、强互动的平台属性，提升对社会热点的敏锐度和反应速度，分析并选取与企业契合度较高的话题切入，并进行传播。

传播实录 15：“我有熔喷布，谁有口罩机？”：熔喷布现货的快速销售转化

疫情持续肆虐，医用口罩等医疗物资告急。2020 年 2 月 5 日，国务院国资委要求生产企业做好医疗物资扩产排产，以战时状态强力推进医疗物资生产供应，为打赢疫情防控总体战、阻击战提供有力物资保障。

2 月 6 日，口罩紧张现象日益突出。中国石化物资装备部发现，公司所属“易派客”工业品电商平台上有一批现货熔喷布。作为口罩的核心材料，如果能将这批熔喷布迅速变为口罩，将是一件对公众大有裨益的好事。2 月 6 日下午，中国石化官方微博发出了寻求下游企业口罩生产合作信息——“我有熔喷布，谁有口罩机？”。

按照以往的合作周期，从中国石化“易派客”平台发出一个意向到完成一个类似的合作，大约需要 40 天时间，但在疫情面前，没有那么多时间。结果，一则小小的微博广告，产生了意想不到的效果——1000 多万人次点击、2.5 万次转发，信

1. 我们需要口罩机，您若有富余、可用的设备，可转让给我们，我们需协调生产、增产口罩。

2. 我们有熔喷布，您若缺此原料，我们可运输上门。增产的口罩，我们可全部收购支持湖北抗疫一线，也可支持企业所在的地方防疫抗疫。

寻找口罩机
资料来源：易派客官方微博。

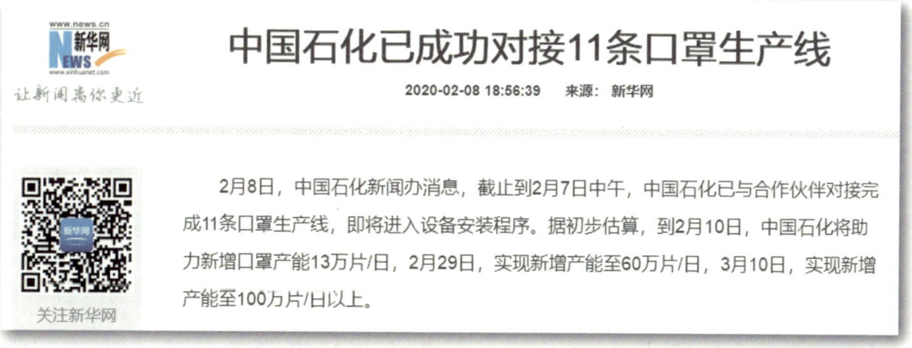
www.news.cn 新华网 NEWS www.xinhuanet.com
让新闻离你更近

中国石化已成功对接11条口罩生产线

2020-02-08 18:56:39 来源：新华网

2月8日，中国石化新闻办消息，截止到2月7日中午，中国石化已与合作伙伴对接完成11条口罩生产线，即将进入设备安装程序。据初步估算，到2月10日，中国石化将助力新增口罩产能13万片/日，2月29日，实现新增产能至60万片/日，3月10日，实现新增产能至100万片/日以上。

关注新华网

中国石化成功对接 11 条口罩生产线
资料来源：新华网。

息中留存的中国石化联系人的电话几乎被打爆，合作伙伴在3小时内基本锁定。第二天中午，中国石化宣布已与合作伙伴对接完成11条口罩生产线，将立即进入设备安装程序。

三、深度用微信：多视角、深挖掘、可持续

移动互联网时代，随着纸媒的日渐式微，作为纸媒核心竞争力的深度报道也遭遇了发展危机。与此同时，微信公众平台的深度报道作为一种新的尝试，越来越被公众所认可。疫情期间，企业官方微信账号也成为企业对内加强文化建设、对外传播企业价值的主要渠道。

深度报道具有深厚的底蕴与专业性，能够深挖事件的内在联系并揭示其实质和意义，追踪揭示事件的真相和发展趋向。在复杂多变的社会环境以及新的媒介生态环境下，受众希望通过深度报道了解时下热点事件更全面、更深层次真相的需求愈加强烈，促使强化新形势下的深度报道成为企业做好价值传播的重要抓手。

1. 选好传播视角，助力企业发展

结合有关疫情防控的工作要求，企业的重点工作往哪里走，宣传的声音就跟到哪里。以企业发展及生产为中心做好舆论宣传服务，是中国石化宣传工作的重要宗旨。通过开展防疫抗疫系列深度宣传报道，助力企业生产，助力企业收获经济效益和社会效益，这也是中国石化新闻工作的一项重要尝试。

2. 持续性报道，传播企业价值

媒介在对突发事件的持续报道中，具有议程设置的功能。微信公众平台具有移动互联网时代新媒体平台的先天优势，能够打破以往纸媒深度报道出版周期长的桎梏，可以针对网民高度关注的重大公共事件及时快速地进行连续、系统、深度的报道。企业在以发展及生产为中心发布常态议题的同时，通过针对同一重点议题进行系列深度报道，可以深入挖掘和阐明事件的因果关系，以揭示其实质和意义，从而不断增强传播效果。

传播实录 16：微信深度解析口罩产业链，科普同时树责任

中国石化新闻办公室按照增产口罩要求，围绕“聚丙烯—熔喷料—熔喷布—口罩”产业链，持续通过微信公众号引导舆论、平抑物价、科普解读、增强信心。

83 天来，口罩、口罩机、口罩生产原料、口罩生产线等话题，成为中国石化微信公众号持续发布的重要内容。发布“从石油到口罩”相关文章 30 篇，为受众详细解读了口罩原料、口罩加工、口罩使用、口罩销售等各环节情况，持续鼓舞公众战“疫”信心。

持续的宣传，使口罩生产这一举动，成为中国石化的“跨界”标签。

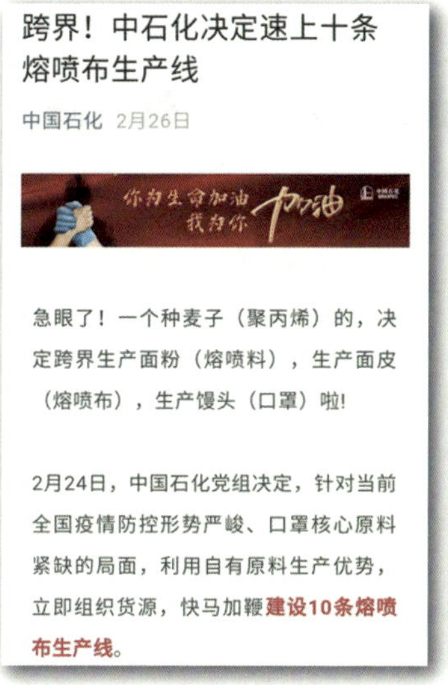
跨界！中石化决定速上十条熔喷布生产线

中国石化 2月26日

你为生命加油 我为你 加油

急眼了！一个种麦子（聚丙烯）的，决定跨界生产面粉（熔喷料），生产面皮（熔喷布），生产馒头（口罩）啦!

2月24日，中国石化党组决定，针对当前全国疫情防控形势严峻、口罩核心原料紧缺的局面，利用自有原料生产优势，立即组织货源，快马加鞭**建设10条熔喷布生产线**。

口罩熔喷料：今日出厂10吨，信守承诺不涨价！

中国石化 3月1日

你为生命加油 我为你 加油

3月1日上午11点，一辆装载着**10吨口罩熔喷布专用料**的货车从中国石化上海石化金昌公司发往河南熔喷布生产厂家。这是该公司继发往深圳、苏州后出厂的第三批口罩熔喷布专用料，预计可用来生产普通一次性医用口罩1000万片。

中国石化原料不涨价
资料来源：中国石化微信公众号。

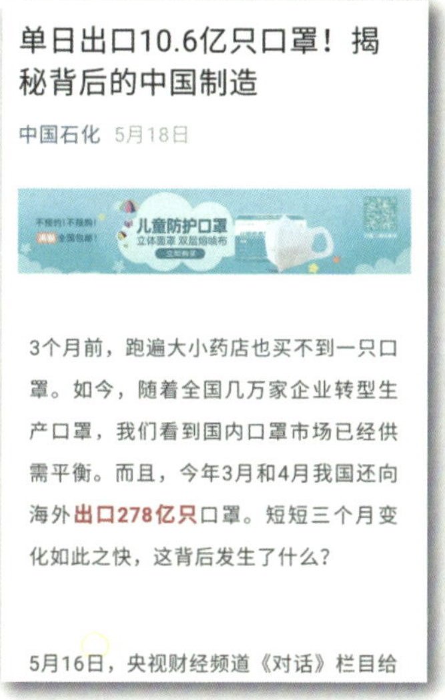
单日出口10.6亿只口罩！揭秘背后的中国制造

中国石化 5月18日

儿童防护口罩

3个月前，跑遍大小药店也买不到一只口罩。如今，随着全国几万家企业转型生产口罩，我们看到国内口罩市场已经供需平衡。而且，今年3月和4月我国还向海外**出口278亿只**口罩。短短三个月变化如此之快，这背后发生了什么？

5月16日，央视财经频道《对话》栏目给

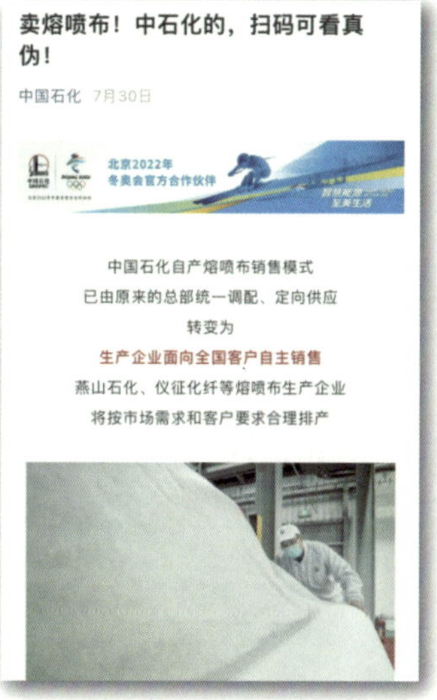
卖熔喷布！中石化的，扫码可看真伪！

中国石化 7月30日

北京2022年冬奥会官方合作伙伴

中国石化自产熔喷布销售模式
已由原来的总部统一调配、定向供应
转变为
生产企业面向全国客户自主销售
燕山石化、仪征化纤等熔喷布生产企业
将按市场需求和客户要求合理排产

揭秘口罩背后的中国制造
资料来源：中国石化微信公众号。

四、感性发视频：有流量、有温度、有口碑

随着5G时代的到来，抢占信息高地，实现新闻传播全覆盖，让受众更直观、感性地体验新闻，深度参与新闻成为可能，视频化传播将不断赋能企业发展。有数据显示，短视频已成为我国互联网第三大流量入口，预计2021年市场规模将破2000亿元，用户规模近8亿[①]。未来，视频化传播将成为主流的传播方式之一，将进一步深入公众的日常生活。为顺应视频传播的大趋势，企业也纷纷入驻各大视频平台。有数据显示，仅抖音一家入驻的企业号已有“20万+”，分布在27个行业，几乎涵盖所有一级行业，各行业的领军品牌均有入驻，成为企业争夺注意力的重要阵地[②]。

1. 视频更具场景化，助力企业传播触达率和影响力的提升

企业可以通过制作优质的视频传播素材，创新视频内容展现形式，尽量贴合当今公众碎片化、轻量化、移动化的需求，打造更加场景化的视频。通过增加与公众线上互动的元素，提升公众的参与感，使公众体验感得到满足，从而增强受众黏性，助力企业传播触达率和影响力的提升。

---

①资料来源：CSM的《2020短视频用户价值研究报告》。

②资料来源：抖音营销中心的《抖音企业号价值》。

2. 视频传播快捷高效，已成为新的信息基础设施

疫情之下，公众的主要娱乐活动场所由线下转变为线上，手机使用频率明显提高，视频内容表现抢眼，有效吸引了公众注意力。“央视频”“人民日报 +”等视频类产品快速传递抗疫一线的权威新闻，将辟谣信息第一时间传播给公众，及时发布正能量的利好消息，使视频化传播成为当今时代新的信息基础设施。

3. 视频内容更有温度，能够有效传递企业责任，收获企业口碑

疫情期间，企业不断产出优质传播内容，履行企业社会责任，将捐款捐物、复工复产等多项抗击疫情的相关举措通过各视频平台持续地扩散传播，有效地释放正能量，潜移默化地打造企业口碑，体现了企业温度，进而提高了企业美誉度。

值得一提的是，有一种温度不容忽视，那就是音乐的力量。在以短视频为主的网络公共生活中，音乐与火爆的短视频具有共生性与伴随性。音乐不仅能吸引受众，同时具有陶冶情操、道德教化与促进人际和谐交往等多重作用，并能够激发受众产生丰富的创新性行为。作为人类最古老的传播媒介之一，音乐在企业宣传中也起到了非常重要的作用。

传播实录 17：抖音快手爆款聚合，流量背后的责任逻辑

中国石化顺应融媒体趋势，利用视频技术平台，以“云直播”“云监工”等新兴传播手段，自主策划和制作了各类新闻产品，生动展现出企业战“疫”动态。中国石化做到了各渠道全面辐射，扩大了受众群体，拓展了传播覆盖面。

一是围绕公司战“疫”行动，不间断推出短视频。战“疫”83天，中国石化总部层面发布抖音、快手短视频 497 条。例如，“熔喷布生产线是怎么建成的”等 20 多条短视频单篇播放量超过 1000 万次，有 30 条短视频单篇播放量超过 500 万次。这些简短的视频，从一线视角，让受众真实了解了中国石化抗击疫情方方面面的工作，得到了大量点赞。

二是利用直播技术，借鉴“5000 万人云监工火神山建设”，以“云监工”“电视直播”方式，传播燕山石化、仪征化纤熔喷布生产线的建设情况。其中，燕山石化熔喷布生产线一次开车成功，中国石化首次尝试 48 小时慢直播。中国石化联合中国电信、央视频、快手、一直播，通过“@国资小新”平台组织开展了“学习火神山，半月建座厂”48 小时慢直播活动，同时组

短视频延伸传播价值

资料来源：中国石化官方抖音号。

织系统内5位网红主播和网友一起“云监工”，累计1700余万人在线观看。

仪征化纤首条熔喷布生产线35天建成投产，中国石化运用了“电视直播+网络直播”手段。2020年3月29日，扬州电视台对投产仪式进行了3个小时的电视直播，央视新闻客户端、央视频、快手、一直播、梨视频、我苏网、扬帆手机频道等10家新媒体平台，连续12个小时进行“云直播”，在线累计观看人数突破2000万。

传播实录 18：发布原创歌曲，战“疫”共情巧传播

在引发情感共鸣、传递温情的传播手段方面，我们不仅采用了抗疫日历等图文形式，还采用了一种经典的特殊传播形式——主题音乐 MV。音乐通过节奏、歌词和画面，给人以立体的视听冲击，不仅能够渲染情绪，更以较强的情景代入感，达到图文不可比拟的传播效果。

尤其在重大社会公共事件中，全民危难的时刻，音乐可以发挥精神疗伤、慰藉心灵、鼓舞人心等无形的神奇作用。各地方电视台、各公益组织等纷纷创作抗疫主题歌曲。中国石化精心策划的一系列抗疫原创歌曲及 MV（包括“视频 + 动画”），分别侧重不同的主题，点缀在抗疫的各个阶段中，关注普通人的心声，唤醒不同的情感。主题有感动于武汉战“疫”的顽强精神、抒发小人物对未来的美好期待等，通过 QQ 音乐、腾讯视频、爱奇艺、哔哩哔哩等多平台进行全网发布，为武汉加

油，也向逆行在一线的工作者们致敬，用声音和画面传递爱心、温暖和力量。

1.《一起加油》：抒发家国情怀的呐喊与感动

2020年2月26日，中国石化党组宣传部发布抗击疫情励志原创歌曲《一起加油》，表达了深沉的家国情怀，传递了必胜的信心和决心，呼吁大家齐心协力战胜疫魔，为美好生活加油。

歌曲由吕大鹏作词，周晶作曲，中原油田电视台制作。整首歌起伏错落、慷慨激昂、震撼人心，极具感染力，是一首激发大家共同抗疫、保家卫国的原创歌曲。演唱歌手浑厚有力的男声，发出了声声呐喊，直击内心，给予脆弱的人力量。

抗疫歌曲《一起加油》MV
资料来源：爱奇艺。

抗疫歌曲《一起加油》
资料来源：新华网。

中国石化：一个被石油耽误的“文艺青年”
资料来源：立方石油。

《一起加油》由中国石化官方微信首发，随后获新华网等多家媒体报道，引发广泛好评。有媒体报道称“抗疫：中国石化唱的、做的一样好”。此外，这首歌的歌名一语双关，在中国石化内部百万员工中也引发了强烈共鸣。

2.《天亮去赶集》：表达小人物对未来的期待

2020 年 4 月 18 日，中国石化抗疫题材全新单曲《天亮去赶集》MV 全网上线。歌曲选择了一个很新颖、接地气的角度，从一个小切口，道出了被封城、封院、封家的人们的苦恼，反映了失去自由的人们对正常生活的渴望与思念。歌词以“赶集”的意象传递着对困境与希望、现实与未来的感悟，表达出压抑过后对健康、快乐、坚强、乐观的追求和渴望，送给经历过新冠肺炎疫情的每一个人。

抗疫歌曲《天亮去赶集》MV
资料来源：爱奇艺。

《天亮去赶集》MV的最大亮点是采用“视频＋动画”的手法，运用独特的创意——“老海报”式的人物动画，加上“复古＋后现代风格”的碰撞，形成强烈的视觉冲击力，呈现出鲜明的艺术特色。视频部分展现出压抑的现实生活，海报人物的动画部分则虚拟出通过联觉而产生的对未来憧憬的想象与升华，在内容和形式上形成了鲜明对比。

公益抗疫歌曲《天亮去赶集》
资料来源：新华每日电讯搜狐号。

歌曲《天亮去赶集》由吕大鹏作词，青年作曲家郭凤作曲，歌手倪峰演唱。编曲制作人由知名音乐人、原鲍家街43号乐队吉他手蔡正东担任，器乐由唐朝乐队贝斯手顾忠，六七乐团鼓手王立东，中央音乐学院民乐系副主任、板胡教育家胡瑜，三弦演奏家高冠琳担任。这首歌的创作、编配、演唱、演奏、录制精彩纷呈，动人心弦，在这个非常时期展现出了艺术家们对社会的关爱和对艺术的无私奉献精神。

另类抗疫歌曲《天亮去赶集》
资料来源：新华社。

该歌曲一经发布，让人耳目一新，受到年轻人的喜爱，好评如潮。报道称其为“最另类抗疫新歌”“最魔音、最洗脑抗疫新歌”“唱出 14 亿‘宅族’心声”“这首歌曲所展现的信念价值和人生意义使人振奋，正能量满满”。

3.《为了谁（央企版）》：吹响央企抗疫集结号

2020 年 4 月，受国务院国资委宣传局委托、国务院国资委新闻中心和中国石化集团党组宣传部联合出品的抗疫歌曲《为了谁（央企版）》全网上线。歌曲采用原版作曲，由吕大鹏改词，中原油田的戴小梅和李勇演唱。

抗疫歌曲《为了谁》MV
资料来源：爱奇艺。

歌曲深刻反映了重大公共事件中央企的使命担当，全面展现了在抗疫面前，央企兄弟姐妹的义无反顾和无私奉献的精神，“为了春回樱花醉”“为了荆楚大地不流泪”等歌词深入人心，引众多网友泪目，有效树立了良好的央企形象。

抗疫歌曲《为了谁（央企版）》
资料来源：哔哩哔哩。

04

第四章

传播实录，激活价值传播六大技法

在重大社会事件中打造热点议题，通过系列策划、全媒体传播形成“高光传播”，能够使企业的品牌塑造事半功倍。这需要首先找到企业自身与热点议题的结合点，然后进行系列创意策划，并借助各方媒体，播发大量报道，进行广泛传播。从中央媒体到地方媒体，再到各个新媒体平台，充分利用各平台自身优势打“组合拳”，如中央媒体的高站位加上地方媒体的策划发力等，对外形成传播合力。

抗疫期间，中国石化除传播新闻资讯类议题外，还充分挖掘新的传播形式，尝试与群众的阅读习惯相结合。

一是打造中国石化体、网络体，进行标签式传播。“我有熔喷布，谁有口罩机？”“我有易捷店，谁有滞销品？”“我有医用氧，哪家医院需？”成为中国石化特色标签，提高了企业传播的辨识度，被誉为“中国石化体”现象级传播。

二是利用新平台、新技术手段，运用慢直播、短视频，展现熔喷布生产线建设过程。通过抖音、快手官方发布相关视频497篇，“为雷神山医院免费供油”“为了口罩我们拼了”“熔喷布生产线是怎么建成的”等32条短视频单篇播放量超过1000万次，总点击量超过7亿人次。

三是依靠自主媒体集中发力。通过多元议题与表现形式，实现官方微博总阅读量超过7590万次，微信公众号总阅读量达1118万次，微信单篇最高阅读量达85万次的成绩。企业持续主动的传播展现了勇于担当的企业形象，获得了国家相关部委的赞誉，收获了广大车主、消费者、老百姓的好评，为塑造品牌增添了新动能。

社会研究机构在对多家央企的横向观察中发现，中国石化的抗疫传播亮点突出：第一，整体传播量大，传播量明显高于其他企业。第二，策划开始得最早，率先于2020年1月下旬形成第一个传播高峰，对其他央企起到引领作用。第三，热点话题多，抗疫期间形成多个传播高峰，且峰值远大于其他企业。第四，传播后劲足，其他央企的传播高峰主要集中在2020年2月上旬，随后传播量便处于低位，而中国石化的传播热度则一直持续到3月上旬，且后半部分的传播高峰更加明显，形成“一枝独秀”的态势。第五，新媒体传播效果好，网友互动热情更高。与其他央企相比，网友对中国石化抗疫相关内容的转发、评论、点赞的偏向性更强。

第一节

网络体“我有熔喷布，谁有口罩机？”的网红效应

移动互联网与新技术的发展造就了当前传播内容制作平台百花齐放的态势，公众每日获取的信息量呈几何倍增长，企业所传播的内容能否吸引公众的驻足，是通过传播传递企业价值的第一步。如何在以秒计算的时间内迅速吸引公众的眼球，同时在后续传播过程中为系列内容提供持续性效能输出，关键在于“标题”。

区别以营销为目的的软文标题，企业在进行自身价值输出时，标题及其核心内容应充分考虑可读性、延续性、准确性、共鸣性四大原则。不宜过度追求猎奇、夸张、敏感、晦涩、碎片化的表达，以保障所释放的内容主体既符合互联网的阅读习惯，又能充分体现企业的价值内涵，并为后续系列传播提供核心思想基础。在大型企业价值传播中，作为首先进入公众视野的文章标题以及“关键词”，可借鉴以下思路。

一、问题导向，直面舆论诉求

直接响应舆论的诉求与期待，能够增加公众的关注度，所以企业在设定相关议题时，可以从标题开始就直接体现这一响应，迅速告知公众“我要针对你关注的问题提出解决方案了”。为了使标题更易被理解、被记住，标题的设置可以采用以下几种方式。[①]

一是提问、反问式：多用于幽默地辟谣与制造悬念。例如，“‘油里掺水，见怪不怪，加油站的利润。’懂？”“中国的汽油都是黄色？国外的油都是无色？”“先拔油卡再拔油枪，是不是加油就不用付钱了？”“油价暴跌，‘桶’确实贵了吗？”。

二是“反常规”式：主要用于对看似不合常理的现象进行表达，吸引公众关注背后合理性的成因。例如，“码头每年 80 多艘游轮来来往往，却不见一滴油”。

三是揭秘式：结合舆论关注且容易产生谣言的话题，以揭秘形式的标题吸引公众关注，并进一步解释真实情况。例如，“揭秘加油员的聊天暗语！最后一个只有内部人懂”“今天，曝个‘黑料’”“加油员聊天记录曝光！套路也太多了”。

四是关键词、关键数据式：与读者产生共鸣，通过以简单明了的关键词、关键数据作为标题，帮助读者见标题知内容。如“今天油价不调整！”“30000000000！好气！”。

① 下述引用标题来自中国石化官方微信公众号“中国石化”。

二、固定句式，为后续系列发布提供效仿空间

由于固定句式类的流行语形式活泼、结构新颖，因此在使用过程中可套用其结构进行二次创作，突出结构所含情感色彩、供需关系、调侃意味等特点。此类固定句式类流行语于企业自身而言，形式与意义并存，可以成为企业后续系列传播的标准句式，从而加深传播印象。对于普通公众而言，句式结构往往大于其意义，并且能在一定程度上激发网民的创作热情，引发同类型网络段子狂欢式传播。例如，“我有易捷店，谁有滞销品？我来帮你卖！”“我有医用氧，哪家医院需？中国石化增产医用氧气保抗疫”。

三、善用类比，加深印象引发联想

针对企业所在领域与公众接触少、开展的工作不易被理解的情况，在传播内容上可通过类比，将其转化为普通公众可以感知的事项，以提升公众的认知与理解。但也需要注意，在一些与企业直接相关的突发事件中，对比喻、类比的使用需谨慎，尤其针对舆论关注的严肃问题，尽可能使用严谨的数据等进行佐证，类比可能会降低企业的公信力。

在解释熔喷料、熔喷布以及中国石化做口罩之间的关系与意义时，中国石化新闻发言人吕大鹏用形象生动的“面粉、面皮”这一比喻解释了其之间的关系，并引发媒体对“种麦子的，跨界磨面粉、擀面皮、蒸花卷”的关注。

中国石化新闻发言人吕大鹏：

从中国石化原料到口罩成品，简单说主要有四个环节：一是聚丙烯原料，二是熔喷料，三是熔喷布，四是口罩生产。这相当于从“麦子”到“面粉”再到“面皮”，最后生产“花卷”。在这一链条中，中国石化在最上游是种“麦子”的，当然也生产少量“面粉”，却不生产“面皮”和“花卷”。这相当于种麦子的，开始自己磨面粉、擀面皮、蒸花卷了。

口罩的秘密
资料来源：央视财经频道《经济半小时》。

传播实录 19：“中国石化体”的超强传播力

抗击疫情期间，中国石化积极响应公众诉求，一方面，通过实际行动，开展了系列抗疫保供工作；另一方面，在新闻宣传方面，更是将中国石化迎难而上、高效应对的自身价值，通过一个个热词进行了二次诠释。战“疫”时期，每个热词背后都是一个有故事的“梗”。我们借用热词传播，增强了话题的亲和力和渗透力。

以“中国石化体”的“我有熔喷布，谁有口罩机？”为例，发出后引起社会强烈反响。与此同时，“我有……谁有……”成为中国石化贯穿抗疫保供传播的核心流行语。此条微博达 1300 多万次点击，2.5 万次转发，易派客在 3 小时内确定了 11 台口罩机的购置事宜。随后，“我有易捷店，谁有滞销品？”“我有医用氧，哪家医院需？”的接连发出，有力地支持了抗击疫情阻击战。

中国政府网直接使用“我有熔喷布，谁有口罩机？”作为标题，推介到国务院客户端小程序中的“国务院重点医疗防控

抗击疫情，“中国石化体”火了！

中国石化 3月18日

以下文章来源于中国石化报，作者《中国石化报》

中国石化报
发布中国石化重要新闻、国内外石油石化行业动态，以及石化员工们的多彩生活。欢迎...

为了口罩 我们拼了

疫情爆发至今，已经快两个月，在这段紧张的时间里，脑洞大开的网友们创作出了不少“新”词“新”义，令人拍案叫绝。

“小心疫疫”、“别来无恙”、“漱手就勤”……一时间这些热词“霸占”了热搜榜。

“中国石化体”火了
资料来源：中国石化微信公众号。

人民网 people.cn　人民网 >> 科技

人民战“疫” 企业攻坚系列报道之五：

“我有熔喷布，谁有口罩机？”央企吹响转产增产冲锋号

赵竹青 赵春晓

2020年02月23日09:55 来源：人民网-科技频道　分享到：

没有人是局外人，新冠肺炎疫情牵动着亿万中国人民的心。

在这场14亿人的战“疫”中，在奋力夺取疫情防控和完成年度经济社会发展目标任务“双胜利”的关键时刻，央企作为国民经济的重要骨干和中坚力量，以自身强大的科技实力和创新能力，奔走在战“疫”一线，为保护国家和人民利益负重前行。

转产增产 跨界驰援

“我有熔喷布，谁有口罩机？”疫情发生之后，中国石化的这封“英雄帖”，吹响了央企转产增产的冲锋号。

关注人民网微信　微信　微博　手机人民网　领导留言板

热点推荐

“我有熔喷布，谁有口罩机？”成为“网络流行语”
资料来源：人民网。

物资生产供需对接专区”。该口号被作为疫情期间的“网络流行语”，并获得官方认可。

人民网报道称：“中国石化的这封‘英雄帖’，吹响了央企转产增产的冲锋号”。

北京日报客户端转载中央纪委国家监委网站文章，将中国石化寻找口罩机称为“发英雄帖”，各家企业响应则被称为“组成英雄联盟”。

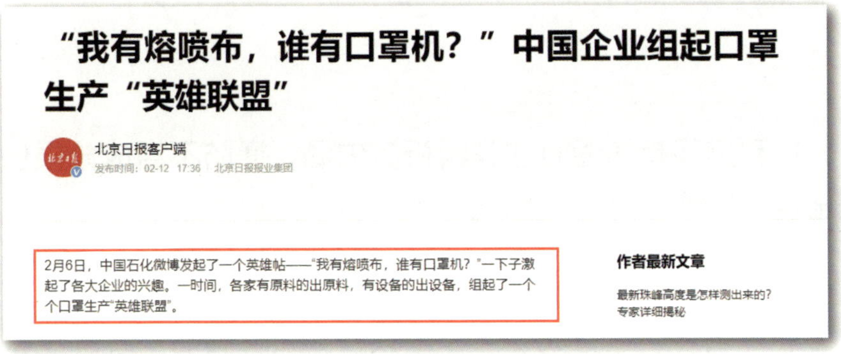

“我有熔喷布，谁有口罩机？”中国企业组起口罩生产“英雄联盟”

北京日报客户端

发布时间：02-12 17:36 北京日报报业集团

2月6日，中国石化微博发起了一个英雄帖——“我有熔喷布，谁有口罩机？”一下子激起了各大企业的兴趣。一时间，各家有原料的出原料，有设备的出设备，组起了一个个口罩生产“英雄联盟”。

作者最新文章

最新珠峰高度是怎样测出来的？专家详细揭秘

广发“英雄帖”，寻找口罩机

资料来源：北京日报。

此外，“中国石化体”的“学习火神山，半月建座厂”“蛋蛋的油商”“橘油青年”“油卖菜”“油菜花”“跨界狂魔”“红帽子港湾”“77军团”等均引发公众热议和好评，受到网友的喜爱，直接提升了民众对中国石化的好感度。

TIPS：网络热词打造及应用技巧

平等交流、各抒己见的网络舆论环境，虽然是网络热词、流行语“萌芽—生成—传播”的现实依据，但仍需注意以下原则。

1. 利用现有热词时注意辨析其内涵，谨防不当成分损伤权威形象

当下，为符合互联网阅读习惯，一些权威机构及大型企业也在紧跟热点，使用热词为文章标题及内容增彩。这也体现了企业主体践行群众路线，努力创建让百姓听得懂的话语体系的有益尝试。然而，一些网络热词“草根”色彩浓厚，甚至部分热词带有低俗的文化潜质。这就要求使用者认真鉴别热词内涵，注意规避娱乐、调侃等不当成分，谨防将“接地气”变为“自我矮化”，损伤企业的权威形象。

2. 不可一味地追求新奇的表达方式，造成公众理解困难

虽然网络热词可以展现我国互联网舆论的活跃氛围，但也

在一定程度上打破了日常语言的表达习惯，造成语义含混的不良影响。使用者应以增进传播、加强表达效果为使用目的，充分考虑网络热词的公众接受程度，不用生僻的网络热词，多用同日常语言联系紧密的热词，以达到信息传播效果最大化。

3. 要灵活运用热词，紧跟舆论脉搏

热词既是网络舆论焦点的标签，也是网络舆论风向的传感器。从语义色彩上看，网络热词既有吐槽、调侃、发泄等负面情绪，也有称赞、关爱等正能量。这就要求使用者活学活用、灵活应对：面对负面热词，分析其症结，必要时做出恰当回应，对违背网络底线的热词，要做出恰如其分的批判；面对正面热词，应学习其表达方式，整理成素材库，以备不时之需。

第二节
小人物大故事，“烧坏 6 个水壶”式情感共鸣

央企、国企出于先天的资源优势及庞大的企业规模，往往给人一种距离感和疏离感，高知名度的背后是公众对其品牌联想的匮乏和对品牌美誉的无感，从而导致央企、国企在进行对外传播时存在

诸多痛点：一是传播议题单一，千篇一律的文章风格容易造成公众“审美疲劳”，不能在公众心中留下深刻印象，导致对外宣传的核心点无法触达；二是在传播内容上，统计数字和专业名词占据过多篇幅，枯燥晦涩、专业性强，缺乏与公众的感性沟通和柔性表达，与受众产生距离感，难以带动公众对企业形象形成具体的理解与认知；三是从传播视角上看，企业传播没有站在受众的角度，没有扎根基层、深入挖掘鲜活的亮点，贴近公众生活和关注点的内容较少，无法使公众产生共鸣。

以情感为诉求点的传播内容，比理性宣传更能在较短的时间内打动人心。在疫情期间的品牌传播中，企业可以通过聚焦小人物、小行为，用以人为本的策略进行展开，可以借助小切口、有温度的议题进行传播，以有血有肉、入情入理的讲述产生情感共鸣，帮助公众形成更丰富的企业品牌联想，让公众感受到企业的温度和担当，在潜移默化中形成心理层面的认同，从而实现传播维度的升级。

一、重视细节，小行为呈现大担当

企业采用“高大上”的传播方式已难以同社会公众在思想层面形成共鸣。特别是疫情期间，感人且接地气的小切口议题反而是引发公众共鸣、凝聚力量的重要切入点。企业在传播工作中可以将“大环境”和“小行为”进行融合，聚焦企业生产生活上的小细节，将细微的观察与当下的社会环境背景相结合，在带动公众情绪的同时，“软性”地释放出企业的文化与价值、责任和担当。

二、以人为本，小故事折射大道理

有研究表明，比起其他信息，故事更能够刺激人们的理性和情感。企业可以围绕讲好企业人的故事来展现立体的企业形象，达到有效传递企业核心价值观的目的，更好地激发公众的体验感。例如，通过运用场景、情节等体现事件变化的要素，将看似枯燥重复的抗疫举措透过生动的小故事来呈现，讲述企业各厂区、各工作岗位上小人物的事迹，展现出人的努力、坚守和悲欢，再现企业抗疫过程中的困难与艰辛，展示来之不易的成功对现实和未来的崭新意义，从而进一步传递出企业的成长和变化，与公众产生共鸣并达成共识。

三、集群效应，小群体聚合大影响

法国心理学家古斯塔夫·勒庞在其著作《乌合之众》一书中这样描述集群效应：当单独个体集结成群体后，会有不同于个体独处时的心理和行为表现。以群体化的舆论建构和引导方式，能够迅速形成舆论强势，有效凝聚社会共识[①]。

企业在战“疫”故事的传播中，可以深度聚焦在平凡工作中

① 资料来源：《中国出版》2020 年 17 期的《在理性权威中诉诸感性表达——基于新冠肺炎疫情期间〈人民日报〉疫情评论的舆论引导分析》。

作出不平凡贡献的一线员工群体，将群体性的工作事迹、命运转合、奋斗成果等有机融合在一起，集成丰满而鲜活的企业故事，形成集群效应和传播聚合力，进而激发社会正能量，扩大企业传播影响力。此外，除了触动心灵、引发共鸣的创意性内容外，持续性的宣传推广也是推进专题活动引向深入、强化企业品牌记忆的重要策略，也体现了企业在重大公共事件中的责任担当和坚持，将企业形象具象化。

统筹推进疫情防控和经济社会发展特别报道

“六朵金花”抗疫忙

有事找我

武汉消防有支“巾帼党员突击队”

爱心捐赠助抗疫

经济日报

返回经济网首页 | 版面导航 | 标题导航

上一版 下一版 2020年3月17日 星期二 《上一期 下一期》 放大 缩小 默认

“六朵金花”抗疫忙

经济日报·中国经济网记者 柳洁 通讯员 韶海 周旭珉

“六朵金花”在战“疫”补给线上迎寒绽放。（资料照片）

“六朵金花”抗疫忙

资料来源：经济日报。

传播实录 20：那些感动你我的“小人物”“大故事”

2020 年 2 月 4 日，火神山医院正式接收病人。而在此之前，中国石化就已经全力投入到支持火神山建设之中。

中国石化武汉知音加油站 4 名员工每天为近 4000 名建设者提供热水、方便面等物资供应保障。“他们每天烧 200 壶开水，烧坏了 6 个水壶”被媒体和网友积极转发，成为一段佳话趣闻，中国石化武汉知音加油站也被火神山医院建设者称为“红帽子港湾”。

此事由中国石化官微首发，中央电视台、新华网、环球时报、凤凰新闻等媒体纷纷跟进报道。其中，凤凰新闻的视频专访报道，观看量达 42.1 万人次，点赞 76534 次。值得注意的是，新闻所展现出的“小人物”“大故事”，富含生活感、人情味、趣味性，增强现实感，拉近了百姓与大企业的距离。以小人物折射中国石化大担当的传播，如此轻巧又深入人心，让大家在会心一笑中，默默地给中国石化加分点赞。

支持火神山建设，他们每天200壶开水，烧坏了6个水壶！

中国石化 2月5日

中国，加油！

武汉，在这个不平凡的春节里，涌现出了无数英雄。他们没有超能力，没有身披金甲战衣，但他们却在这场战"疫"中光芒万丈。

全力支持火神山建设
资料来源：中国石化微信公众号。

武汉知音加油站为救护车辆提供服务
资料来源：央视新闻。

火神山，冲锋在前的加油站长——记中国石化湖北石油武汉知音加油站站长李郑军

新华网客户端

发布时间：02-13 14:56 | 新华网官方帐号

冲锋在前的“小人物”——知音加油站站长李郑军
资料来源：新华网客户端。

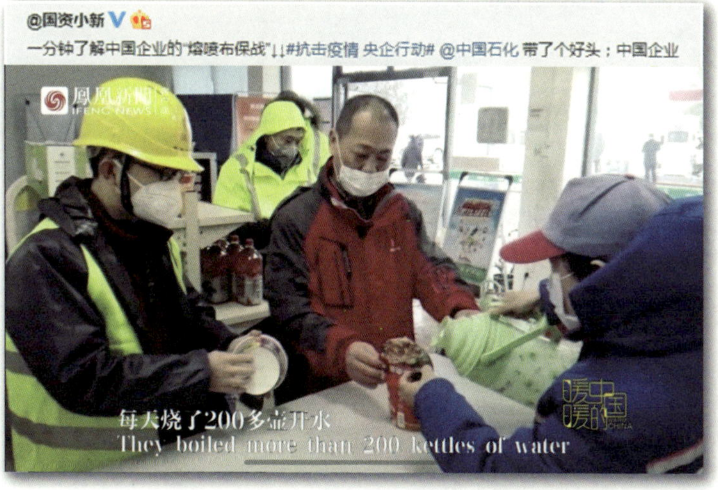

武汉知音加油站全力支持火神山建设
资料来源：凤凰新闻报道。

人民网

174万 文章　258亿 总阅读

查看TA的文章>

评论 0

分享 微信分享 新浪微博 QQ空间 复制链接

中国石化李郑军：76天坚守 为生命救援加油

2020-09-24 09:00

"我只是干了一名加油站站长该做的事，国家却给了我这么高的荣誉，聆听了习近平总书记的重要讲话，让我明白，当祖国和人民面临危难的时刻，每一个平凡人的付出，都能汇聚成不平凡的国家力量。"9月8日上午，中国石化销售湖北石油武汉知音加油站站长李郑军，在北京参加全国抗击新冠肺炎疫情表彰大会后写下了这句话。

而7个多月前，一场突如其来的新冠肺炎疫情，让武汉瞬间成为世人关注的焦点。你如果是火神山医院"云监工"的亿万网友之一，一定会留意到工地旁那个红色屋顶的建筑——中国石化加油站。

中国石化李郑军：76 天坚守，为生命救援加油

资料来源：人民网搜狐号。

有一种光荣，叫火线入党

来源：光明网 2020-03-09 16:56

3月7日上午，一场火线入党宣誓仪式，在武汉火神山医院一墙之隔的中国石化知音加油站现场举行。中国石化销售湖北武汉石油知音加油站站长李郑军、金勤加油站站长徐红艳，面对党旗庄严宣誓，光荣地成为一名中国共产党预备党员。

有一种光荣，叫火线入党

资料来源：光明网。

传播实录 21：战“疫”日历：49 天暖心行动，点滴渗透责任

中国石化微信公众号文章《49 天！中国石化战“疫”日历》通过 49 张图片，多角度展示了中国石化抗疫保供的情况。网友纷纷留言，“张张日历都是一个故事，凝结着石化人的战‘疫’决心”“别忘了，石化小编也连续奋战 49 天了”“被中国石化圈粉”等。

中国石化官方微博发布“49 天！中国石化战‘疫’日历”相关内容并置顶，微博话题 #跨界狂魔中国石化# 阅读量达 260 万次。

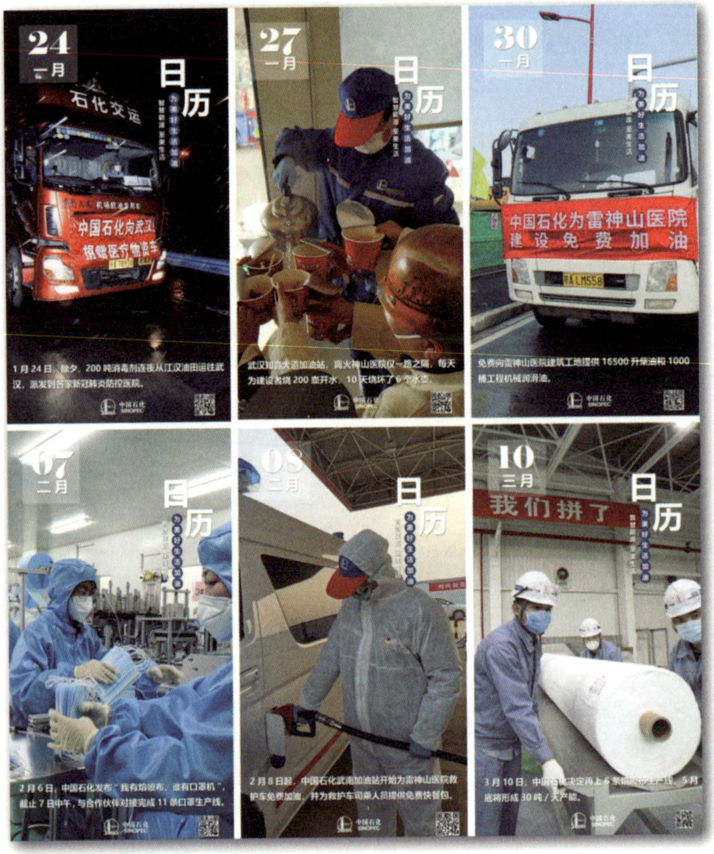

49天！中国石化战“疫”日历
资料来源：中国石化微信公众号。

第三节

创新责任传播，网红主播在线“带货”

2020 年的新冠肺炎疫情给网络直播提供了巨大的发展机遇，直播与汽车、房地产、体育、社交、文化、旅游、教育、能源等产业相结合，构建直播生态体系和直播电商上下游产业链，对疫情下产生的新模式、新业态发挥了助推作用，彰显了各大直播平台的社会价值和公益属性。同时，作为一种新型的传播手段，直播正逐步战略性地嵌入企业宣传、产品销售、原材料供应等各个环节，全面赋能企业发展。

对于中国石化而言，在疫情防控的大背景下，直播带货已经成为中国石化油品销售企业力推的线上营销模式。2020 年以来，中国石化加油站通过直播形式为广西、湖北等地多个扶贫产品成功带货，在一定程度上减少了消费者线下聚集购物的风险，弥补了线下出行消费的不足，促进了市民消费者和扶贫产业户惠利双收。同时，各地油品销售公司积极响应地方政府政策，与汽车制造商、地方美食供应商紧密合作，为市场消费者提供物美价优的产品。“化压力

中国石化新闻发言人吕大鹏直播带货扶贫产品
资料来源：国资小新。

为动力，变挑战为机遇”，自觉扛稳国企责任，以实际行动做好“六稳、六保”工作，助力市场经济回暖步入“快车道”。

一、在线“吆喝”，新闻创效实现价值转化

在疫情突袭的形势下，公众足不出户推动了“宅经济”的发展，线下客源稀少促进了商家向电商转型，直播带货一时间火遍全国，各大央企也纷纷积极试水直播带货。以扶贫直播为例，从 2020 年 5 月开始，国务院国资委新闻中心与中央企业媒体联盟，共同发起“百县百品央字号”暨“小新带货”融媒体扶贫行动直播，“央字号”纷纷下场加入在线“吆喝”行列，成为央企在消费扶贫工作中的又一延展。

2020 年 8 月 21 日，中国石化举办了首场“中国石化爱心优选”公益直播带货活动。中国石化探索用直播方式创新宣传，运用直播带货宣传扶贫工作；既强调“公益”“消费扶贫”属性，也作为践行社会责任的一次具体行动，宣传中国石化的扶贫工作、扶贫干部、扶贫产品，以增加社会效益；利用“中国石化爱心优选”品牌，以品牌价值为扶贫产品赋能；对扶贫产品进行品牌升级，以产品背

“中国石化爱心优选”公益直播带货活动
资料来源：中国石化快手直播。

后的扶贫事迹、人物故事等打造品牌故事，提速产品孵化，提升品牌价值；凝聚各界力量，提速消费扶贫，助力脱贫攻坚；发挥互联网电商扶贫助农的积极作用，凝聚政府、社会组织、企业等多方力量，帮助贫困地区多渠道解决农户商品、农副产品售卖难题，以产业扶贫、消费扶贫推进乡村振兴。

“中国石化爱心优选”公益直播活动作为企业传播的一项创新工作，取得了较好的传播效果。统一品牌，尝试打造了“中国石化爱心优选”品牌直播活动，形成一套标准化直播流程、直播脚本和视觉体系。组合直播模式，白天现场直播做铺垫，讲好扶贫故事、凝聚人气；晚间带货直播，推出“爆款产品 + 扶贫产品”。统筹优势资源，直播活动凝聚了中国石化集团公司扶贫办、易捷及浙江石油、北京石油和广西石油等多方联动参与，打通了宣传发动和扶贫产品销售的多重环节，连接了易捷加油、快手、淘宝等内外部直播平台。

在此基础上，中国石化不断优化，对直播活动进行了升级。持续开展“6+2 中国石化爱心优选”公益活动；统一平台，打造自有直播品牌；打造传播议题，营造扶贫宣传声势；培育网络主播，建立长效机制。

二、深度下沉，直击需求端回归销售增效

在疫情防控常态化的背景下，直播在一定程度上有利于修复防控隔离带来的心理创伤，稳定社会情绪，促进市场消费回升。同时，直播平台突破了用户圈层，由此引领了“直播 + 新型消费”和“直

播 + 新个体经济”，使其成为 2020 年两大趋势。

对于企业来说，直播本身也是一种更为完整、更加形象的企业价值的传播方式，带货也是基于这种传播方式延伸出来的价值增值。因此，真正满足消费者需求，实现销售转化的带货直播，同样可以将企业核心价值传达给公众。

在此次直播带货大潮中，中国石化下属与零售市场紧密连接的易捷等企业不断探索创新，通过让利、特色抽奖等措施，为消费者提供更多的优惠和更优的体验。例如，中国石化易捷借助自身优势，搭建商城小程序，提供直播网购等服务，并针对客户需求，精心设计粉丝互动、福利发放等环节，增强了客户直播购物的体验。

2020 年，中国石化一共举办了 10 场直播带货活动。中国石化油品销售公司、易捷公司及 5 家省石油公司，会同中国青年报社、中国交通广播等单位，先后在徐州、杭州、北京、广西、岳西等地开展“中国石化 爱心优选”公益扶贫直播带货活动。活动累计参与 1328 万人次，点赞量 452 万，评论 8.7 万条，其间登上快手热搜榜，排名政务类第一；8 小时直播累计销售总额 373 万元，相当于一个中等易捷便利店一年的销售额，其中帮销扶贫产品 100 余万元。

在对直播带货活动本身的宣传上，中国石化更注重运用融媒体技术，对脱贫攻坚工作进行全面传播。2020 年 11—12 月，中国石化联合央广、中国青年报社，以“现场直播 + 媒体宣发”的形式，实地走访东乡、岳西、凤凰、泸溪、恩施等 5 地，全景呈现中国石化全力推进脱贫攻坚、持续巩固脱贫成果的实践，全方位展示中国石化帮扶工作的成效；还利用融媒体技术，整合中国石化、央视、中国青年报社旗下 15 个官方媒体平台进行同步推广，5 场直播总计时长 224 小时，在线观看人数达 826 万人次。

为了让直播带货成为一个可持续的企业活动，从网络主播的培训开始，中国石化还尝试建立一个长效运营机制。2020 年 12 月，中国石化通过举办销售企业网络主播专业技能培训班，62 位学员开展了为期三天三夜的理论学习和实战演练，中国传媒大学、淘宝大学、国内知名 MCN 机构的 6 位老师带队训练。主播们参观了“头部”网红直播间，感受直播运营、团队配合的现场氛围。培训还创新特设“实战比拼平台”，20 位学员代表利用 2 个半小时，在直播间分组展示销售了 20 款石化特色商品，共计 3.4 万元。

传播实录 22：荆楚农产品“云订货”2 亿元，中国石化订单“飞”进湖北

2020 年 7 月 22 日下午，中国石化启动助力湖北经济复苏“荆楚优品”暨湖北助农扶贫特色产品“云订货”。“云订货”启动 18 天，中国石化所属企业累计采购湖北特色产品 1.6 亿元，后续持续采购共计 2 亿元，且采购订单仍在持续增加。

在对“云订货”的传播中，中国石化微信公众号所载文章获得阅读量 2.4 万次，同时中央主流媒体如人民网、新华网等也进行了关注报道，相关新闻 516 篇，取得良好效果。此次将直播带货升级为“云订货”，展现出中国石化积极发挥自身优势，主动将助力湖北经济复苏和贫困群众增收正式作为应尽职责，竭尽所能实践助农扶贫的央企担当。

一是为认真贯彻习近平总书记重要精神指示，董事长带头部署消费扶贫工作。中国石化集团党组书记、董事长张玉卓在北京出席启动会，对“云订货”和消费扶贫工作作出部署。他要求，湖北石油要发挥牵头作用，对接系统内采购需求，在地方政府的支持下组织协调货源，并按照产品引入流程，严把质

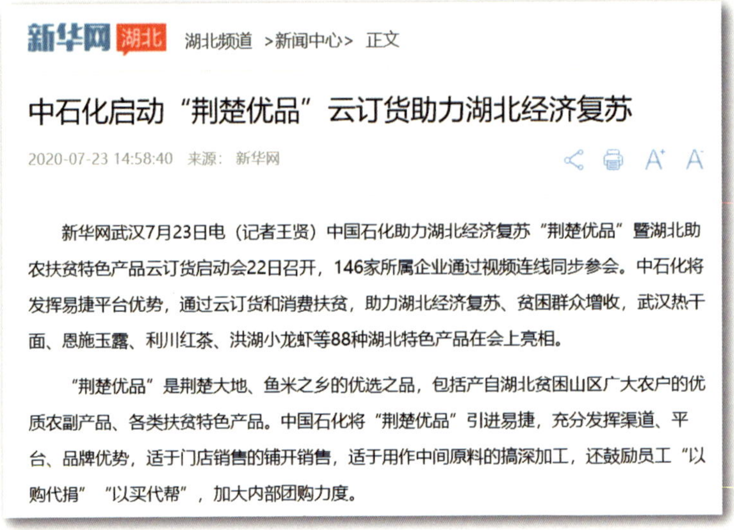

新华网 湖北 湖北频道 >新闻中心> 正文

中石化启动“荆楚优品”云订货助力湖北经济复苏

2020-07-23 14:58:40 来源：新华网

新华网武汉7月23日电（记者王贤）中国石化助力湖北经济复苏“荆楚优品”暨湖北助农扶贫特色产品云订货启动会22日召开，146家所属企业通过视频连线同步参会。中石化将发挥易捷平台优势，通过云订货和消费扶贫，助力湖北经济复苏、贫困群众增收，武汉热干面、恩施玉露、利川红茶、洪湖小龙虾等88种湖北特色产品在会上亮相。

“荆楚优品”是荆楚大地、鱼米之乡的优选之品，包括产自湖北贫困山区广大农户的优质农副产品、各类扶贫特色产品。中国石化将“荆楚优品”引进易捷，充分发挥渠道、平台、品牌优势，适于门店销售的铺开销售，适于用作中间原料的搞深加工，还鼓励员工“以购代捐”“以买代帮”，加大内部团购力度。

中国石化助力湖北经济复苏，“荆楚优品”暨湖北助农扶贫特色产品“云订货”启动会召开
资料来源：新华网。

量关和食品安全关。各省市石油公司要推动订单落实落地，制定专项方案，明确任务目标，压实工作责任，线上线下联动，多措并举地扩大销售规模，确保完成采购销售任务。

二是积极发挥自身渠道优势，认真贯彻“搭把手，拉一把”的重要精神指示。中国石化146家所属企业通过视频连线同步参会，恩施玉露、利川红茶、洪湖小龙虾等88种湖北特色产品在会上亮相。中国石化发挥易捷平台优势，通过“云订货”和消费扶贫，为湖北经济复苏、贫困群众增收贡献力量。同时，中国石化鼓励员工“以购代捐”“以买代帮”，加大内部团购力度，助力湖北经济重振。

传播实录 23：中国石化易捷助力湖北农产品销售 6000 万元

作为我国最大的零售便利店品牌，中国石化易捷发挥渠道、网络和品牌优势，截至 2020 年 4 月 24 日，已累计帮扶湖北销售农产品 6000 余万元。在帮助湖北农产品销售的平台中，易捷系统排名第一，为助力湖北经济发展、带动湖北滞销农产品销售、帮助农户商户走出销售困境作出了积极贡献。中国石化易捷在助力湖北农产品销售的活动中，不断创新营销思路，打通线上线下传播渠道，开启传统便利店的线上“带货”新模式。

一是线上宣传造声势，多地公司接力推动“我为湖北拼一单”活动火热开展。上海石油、福建石油、山东石油等多地公司积极通过微信公众号、海报等媒介，加强宣传推广，提升活动影响力。通过员工积极转发活动电子海报等宣传资料，在已有客户中产生热烈反响，引发一波波购买热潮。同时，组织员工在微信群等平台上开展拍摄烹饪场景、分享美食成品等活动，在提升农产品销量的同时收获好评，有效促进了湖北滞销农产品的销售。

二是易捷总裁带头，为系列直播活动实力带货。在助力湖北农产品销售的活动中，中国石化易捷开展多场直播活动介绍湖北农产品，加速滞销产品的销售。4月10日，易捷总裁亲自带货直播，全程收获点赞量268万个，超过25万人在线观看，带货多款湖北名品。此外，广西石油推出“易捷百日惠，直播购物季”活动，加油员变身网络主播，推介湖北特色产品和扶贫产品，首场主题直播成功带货近70万元；中国石化广东石油举行“易捷‘易’家亲，购物到易捷”直播活动，将湖北农产品作为礼包商品主力促销，举办直播活动30余场。

三是线下动员掀热潮，门店、线上商城齐发力。线下易捷店开展多种营销，在客流量大的站点设置“助力湖北、爱心援购”促销专区，实行海报、LED、口口相传等多维度、立体式营销。在各地加油站易捷便利店门店，湖北农产品被摆在最显眼的货架上，还通过摆展台、试吃等方式进行推销，积极向客户推荐湖北的农产品，以带动销量。此外，易捷商城App在全国范围上线“帮鄂拼一单”湖北农产品专区；组织60余款农产品上架销售，以最快的速度开通湖北农产品销售渠道，以实际行动为受疫情影响严重的湖北地区的农业生产经营恢复作出贡献。

www.news.cn 新华网 NEWS

让新闻离你更近

中石化易捷助力湖北农产品月销售6000万元

2020-04-24 16:35:15　来源：新华网

关注新华网

微信

微博

Qzone

0

评论

4月24日，从中国石化获悉，作为我国最大的零售便利店品牌，中石化易捷发挥渠道优势、网络优势、品牌优势，近一个月累计帮扶湖北销售农产品6000余万元，为助力湖北经济发展、带动湖北滞销农产品销售、帮助农户商户走出销售困境作出了积极贡献。

疫情发生以来，为解决农产品滞销和消费者购物不便的难题，中石化易捷建立了帮助滞销农产品工作小组，发挥统筹协调作用，制定了详细的帮销措施，建立了保障落实工作体系，坚持多措并举，线上线下齐发力。

广西石油加油员变身网络主播推荐湖北特色产品和扶贫产品

资料来源：新华网。

TIPS：企业直播带货风险小提示

对于企业而言，可以分别从事前、事中、事后三个阶段进行风险感知，并开展相应的风险防控工作。

1. 直播进行前

一是在选品方面，避免选择容易引起争议的产品类型。比如，合作企业或者售卖的产品在市场上存在一定争议，所售产品的价值导向存在问题（如奢侈品、高消费等）。建议在选品时，以企业自营产品和扶贫产品（公益产品）为主，谨慎选择第三方合作单位。要进一步明晰企业直播间的定位，通过直播带货对企业形象宣传起到加分作用。

二是谨慎邀请公司高层参与直播带货。企业高管或者企业名人带货，风险与机遇并存。高层直播带货翻车现象曾多次被媒体报道，并在社交媒体上广泛传播，损伤其个人形象和政府公信力。建议企业高管或企业名人参与直播带货时，要提前做好策划和演练，并准备好相应风险的防控预案。

三是主播的个人形象包装和宣传应适度。如果过度宣传“美女”“帅哥”这一标签，或主播妆发过度“网红化”，或语言和表情不得体等，将影响央企员工形象。建议企业给电商主播明确的形象定位，并在相关宣传中保持相对稳定的风格，通过“差别化”的主播形象为企业宣传加分。

四是主播年龄、身份应与货品特性相匹配。如果出现年轻未婚女性推荐孕婴用品和中老年保健用品等现象，则容易被网友质疑“不走心”“不负责”“为了卖货而卖货”等。

2. 直播过程中

一是对直播嘉宾的介绍要谨慎。如果邀请被扶贫地区的老农、女工等进入直播间辅助推介产品，则需防止过度煽情，避免引起网友反感；同时，编造或者过度渲染嘉宾脱贫经历，容易被网友“起底”，进而质疑中国石化的扶贫成绩。建议在助农直播中，侧重对产品本身的高品质、稀缺性进行推介，弱化嘉宾背后的故事。

二是在直播中谨慎使用同类产品评测，避免直接点评同行业。此类话题关注度高且易被炒作。建议直播时仅强调自身产品的差异性，避免提及同类产品的不足。

三是主播情绪管理问题。如果主播在节目中吐槽压力大、加班多等，或暗示网友买东西（如公司对主播有业绩要求），将引发舆论质疑企业管理和员工权益保护等问题。建议对主播加强相关培训，明确带货目的，缓解主播压力。

四是评论区的管理问题。部分网友出于自身利益诉求，或在评论区发布与直播无关内容，发泄对社会不满情绪、传播谣言等，需及时发现并进行清除，必要时要予以举报。

五是直播数据造假问题。媒体对直播间刷数据现象关注度高，如果出现直播间实际浏览量与对外宣传数据不符，而且“直播期间找人刷量、直播后大量退货”等现象，则容易被舆论聚焦。

六是未成年人保护方面。可通过主播口头播报、在直播页面明显位置提醒等方式，与国家相关规定保持一致。如推荐烟酒等产品时，需明确提醒“未成年人不得购买此类产品”；针对汽车等大额消费品，需对购买人资格进行验证；若有打赏环节，需建立未成年人打赏退还机制。切实履行央企的社会责任，避免舆论关联炒作。

3. 直播完成后

主要是直播带货的售后服务问题，包括发货速度、产品数量、退换货等问题，售后服务不到位（服务标准远低于电商平台平均水平）会影响企业直播间声誉。建议建立宣传与运营、销售的联动机制，提升消费者购物体验，以保障企业直播间口碑。针对网友反馈的质量问题，积极沟通，争取线下妥善处置，避免不满情绪在网络空间蔓延。

第四节

以静制动，“慢直播”下的中国“快速度”

2020 年 2 月 2 日，武汉火神山医院正式交付使用。在此期间，央视频对火神山医院的建造过程进行了慢直播，没有主持人、没有解说字幕，只有一个固定机位，若干工人忙碌工作，既不快进也不切镜头。没想到，如此单调的画面内容竟吸引了大量网友观看，超 9000 万网友化身“云监工”，共同见证了“中国速度”。大家在评论区热烈讨论，不仅表达着对这种直播形式的新奇感受，也表达着对战“疫”一线的关心与期盼。

不同于传统的新闻直播，“慢直播”没有解说、没有剪辑、没有后期加工，只有固定的机位和不同的画面角度，为公众提供了一种不加修饰的全场景内容呈现。其真实性、透明性、参与性赋予了网友“控制感”，有助于观众缓解焦虑、放松心情。

整体而言，“慢直播”在传播一线信息、提升信息透明度方面具有明显优势，低成本的在线监控方便用户自主选择和自主参与，并能满足用户的知情权和监督权。用户参与感的加强，有助于提高其“主人翁”意识，进一步拉近与企业的距离。[1]

一、“慢镜头”，缓解突发事件中的焦虑情绪

突发事件以及重大公共事件中，舆论的情绪往往是焦虑、激动、不安的，加之融媒体环境下，舆论主体接收接触信息的渠道更加多元、迅速，在一定程度上也会加强对上述情绪的反馈。

以往，新闻宣传为平衡相关情绪，多以感人事迹、专家点评等进行引导，但仍然容易被淹没。在5G技术下，“慢直播”“云直播”等固定、无修饰还原的展现方式，一方面帮助舆论主体在繁杂的信息中，找到一件可以静下心来关注的事项；另一方面留给了舆论主体更加充裕的时间来感受、消化直播背后体现出的中国速度与企业担当。从以往公共事件“慢直播”的网民评论看，更多的是积极客观的鼓励与认可，在一定程度上，“慢直播”起到了缓解焦虑的作用。

二、直击诉求，添加人情味与传播力的“梗”

“慢直播”虽然并非抗疫期间的传播首创，却因抗疫期间的一系列传播被关注。由此可见，“慢直播”被用来直播什么，是影响后续传播效果的关键因素之一。通常情况下，公众关注的、急迫获取现场情况的、具备一定参与感的事件，是利用“慢直播”传播成

① 该内容参考《新互联网时代》杂志2020年第3期《疫情期间的融媒体传播特点分析》一文。

功的基础因素。除选对事件节点外，在直播互动中迅速发现或主动引导一些生动、易传播的标题词、句，也是与社交平台共振，扩大直播关注度的显著方式。

以“火神山慢直播”为例，在直播互动区，网民自发地为施工现场的大型机械辅以人格化、流行化的昵称，如“送灰宗”“呕泥酱”等，在增加观看趣味性的同时，一方面让参与者产生更进一步的话语共鸣，另一方面，相关话术风格与社交媒体互动风格完美匹配，进一步吸引了其他社交平台上的网民关注，由此引发本次“慢直播”的关注高峰。

三、眼见为实，引导全民见证企业的责任与担当

重大重要工程的直播被网民亲切地称为“云监工”。在这一场景下，一方面企业压力升级，不容许建设过程中有意外或突发事件发生，否则会迅速反应为舆情。因此，开展直播本身就要求企业大到拥有严谨的工作流程，小到每个工程参与者都要更加规范自身的形象与行动。能做好上述两点，本身也体现了企业对事务的重视。另一方面，为了更好地向外界传播企业价值，除了充分将自身的行为进行公开展现外，还需要有意的新闻引导，提炼并释放企业想要传达的价值理念。同时，在“慢直播”的视觉辅助下，帮助公众更加真实高效地认识企业，进而转变为对企业价值的认同。

传播实录 24：燕山石化 48 小时“慢直播”熔喷布生产线开车成功

2020 年 3 月 6 日 23 时至 8 日 23 时，燕山石化新建熔喷布生产线项目建设现场开启视频直播模式。中国石化首次尝试“云直播”，全国网友可以通过央视频、快手、抖音以及“国资小新”、国资委网站、中国石化网站等各大视频媒体平台观看，对项目进度实施“云监工”，感受中国石化项目建设令人惊叹的“加速度”。

燕山石化提前组建了直播项目小组，进行了视频直播技术和人员、文案资料等直播相关工作准备。直播中，主持人将对项目背景、施工进展和试生产情况进行及时生动的现场直播，以满足观众需求，展现央企风采。

该话题相关新闻 1976 篇，媒体在转载中多使用“中国石化硬核跨界：学习火神山，半月建座厂！”作为标题。快手观看人数达1050万人，点赞量85.9万个；央视频观看人数1.8万人，点赞量239万个。

在本次直播以及后续的辅助新闻宣传中，中国石化多元化释放了作为大型央企及行业龙头，在重大事件中的责任与自我要求等信息，充分引导了舆论对企业价值的认知与认可。

1. 直播所展现事项背后的意义

燕山石化提前48小时投产，展示了化工行业的“火神山”速度，在疫情期间具有非凡意义。中国石化新闻发言人吕大鹏在接受采访时说，在这场疫情阻击战中，前方“打仗”需要口罩盾牌，我们在后方就要抓紧做好物资生产，以保障前方所需。熔喷布生产线的快速建设抢出了宝贵的48小时，意味着可以多生产出12吨产品，可用于加工成1200万只医用平面口罩。

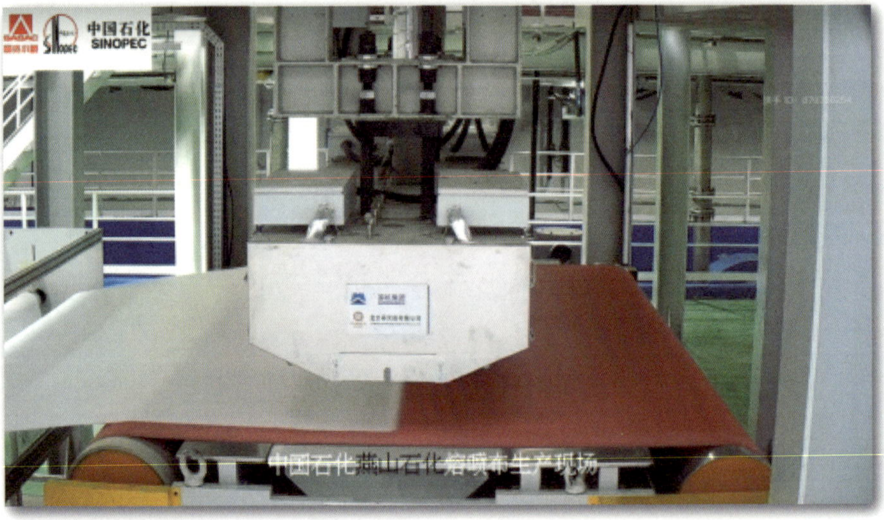

国资委新闻中心直播中国石化熔喷布生产线建设
百万网友“云监工”点赞加油
资料来源：央视频“国资小新”直播。

2. 展现作为央企及行业龙头的责任

中国石化把熔喷布生产线建设当作政治任务来做。燕山石化闻令而动、连夜行动，迅速成立了领导小组，下设6个专业小组，组织、指挥、协调熔喷布施工建设及生产准备，确保以高标准完成集团公司党组交给的重要政治任务。施工现场迅速组建临时党支部，4支党员突击队冲在最前沿。为鼓励高质量高效率完成任务，各施工队伍之间展开劳动竞赛，每支施工队伍每天评出一名明星党员。

3. 将不可能变为可能，体现企业“精气神”与“行动力”

原本项目提前完工是个“几乎不可能完成的任务”，但是各单位齐心协力，共创了奇迹。燕山石化投产的熔喷布生产线年设计生产能力为14400吨。正常情况下，完成这么一座万吨级熔喷布生产厂建设，大约需要半年时间。此次建设，燕山石化要把一座3600平方米的旧库房改造成熔喷布生产厂房，600名参建人员轮番上阵，工程进展全程受控，1天要完成正常情况下3～5天的作业量。

4. 充分发挥了中国石化一体化优势，展现央企在重大公共危机事件中的独特价值

此次建设的熔喷布生产线全部采用燕山石化自产熔喷料，充分发挥了中国石化上游原料和产品生产的一体化优势，为熔喷布的稳定生产奠定了坚实的基础。其深远的意义在于中国石化是首家彻底打通了从上游原料生产者到下游终端产品生产全产业链的央企，展示了央企在解决重大公共危机事件中的中流砥柱作用。

传播实录25：仪征化纤12小时“云直播”首条熔喷布生产线投产

2020年3月29日，仪征化纤首条熔喷布生产线即将投产。相比燕山石化的直播，中国石化进行了更充分的准备，提前策划进行全媒体直播，以“电视直播＋云直播”的形式交互进行。其中，电视直播为14：00—17：00共计3个小时，“云直播”为10：00—22：00共计12个小时。主持人、记者在仪征化纤指挥调度中心、熔喷布生产线现场以及控制室发回连线报道，并邀请嘉宾走进演播室讲述“35天当一年”的幕后故事，与广大网友一同感受仪征化纤书写的“跨界传奇”。

“云直播”方面，中国石化协同央视频、梨视频、荔枝、我苏网、抖音等客户端开启12个小时的“云直播”，让广大网友无论通过大屏还是小屏，都可以见证项目生产线上第一卷熔喷布下线的时刻。

仪征化纤首条熔喷布生产线投产的电视直播活动，受到了扬州地区重点新闻媒体的支持。扬州广播电视总台非常重视，

中国石化仪征化纤首条熔喷布生产线投产的直播
资料来源：央视新闻。

其新闻综合频道、新闻频率、扬帆手机频道以及仪征化纤电视台决定联合同步直播投产全过程。为保证同步直播的质量，扬州广电总台在仪化办公大楼搭建了300平方米的临时演播大厅，出动两台高清转播车，并派驻30多名工作人员开展技术保障工作。在整个直播周期中，快手观看人数1297人，点赞量93.5万个；央视频观看人数1.6万人，点赞量235个；一直播观看总人数32.93万人，在线累计观看人数超过1500万人。

中国石化新闻办公室通稿《仪征化纤首条熔喷布生产线投产 可供日产百万只医用口罩》被新华社、央广网等媒体关注，

仪征化纤熔喷布生产线直播现场

资料来源：仪征化纤公司。

转载量近1500余次；CCTV1《新闻联播》栏目和CCTV13《朝闻天下》栏目对该话题进行了报道。

通过该直播，中国石化重点向社会公众释放以下信息。

1. 进一步展现中国石化铁人精神和“石化速度”

该项目经过600多名干部、员工35个昼夜的连续奋战，把常规1年的建设周期压缩成1个多月，比总部下达的完成时间提前了18天，跑出了中国制造的“加速度”。参建单位中国石化南京工程公司组织开展了“为了口罩，我们拼了”劳动竞赛，400人齐上阵，24小时不停歇。

2. 产品设计定位为高质量产品，设备国产化率高

仪征化纤公司两期熔喷布项目建设贯穿高起点、高质量发

展的要求，在产品设计上定位为生产 KN95 级以上的熔喷布。从核心设备熔喷头到普通螺栓、配件全部为国内紧急制造的，国产化率达 95% 以上。

3. 中国石化熔喷布生产对中国乃至全世界抗疫具有重要价值

据测算，中国石化 16 条熔喷布生产线投产后，加上合资企业的 7 吨，熔喷布日产能达 37 吨，年产能超过 1.35 万吨，可助力增产逾 135 亿只医用口罩，相当于给全国人民每人增加 9 只口罩。仅仅用了 76 天，中国石化已经成为中国乃至世界最大的熔喷布生产商，为打造“人类卫生健康共同体”作出了贡献。

第五节
与友好媒体联动，垂直领域巧借力

疫情期间，随着对口罩、防护服等医用防护用品的报道，“熔喷料”“熔喷布”等专业名词开始进入公众的视野，如何将其中晦涩难懂的能源化工专业问题转化为公众所能理解的内容，成为企业传播的难点之一。

中国石化在进行专业化内容传播时，在增强优质内容输出的基础上选择友好媒体进行联动，发挥媒体的传播内容制作优势，将专业难点通过“接地气”的方式展现，打通“翻译新闻”环节，更好地让工业化题材宣传内容达到大众传播的效果。

一、强强联合，聚合优质资源，赋能“跨界传播”

当下，企业自媒体的联盟化、平台化、市场化已成趋势，组建多样性的行业新媒体联盟，有助于企业在开展自身新媒体价值创新的同时，形成高度整合的行业和跨界矩阵，以达到累计覆盖受众更多、垂直行业用户的群更多维、辐射城市范围更广的效果。在企业自身形成完善的新媒体传播体系的基础上，进一步拓展和组建同行业甚至跨行业新媒体联盟，利用媒体的内容及传播优势，起到“强强联合”的效果。

二、维护“朋友圈”，持续扩建核心媒体“资源库”

在建立媒体联盟的同时，媒体资源的维系同样重要。企业可以建立媒体分级管理机制，定期盘点媒体资源，重点抓好权威主流媒体、行业媒体、自媒体（人）的关系网络建设。拓宽企业与媒体的合作方式，采用线上和线下相结合、专项和常态互补的方式与核心媒体建立联络，着力通过沙龙、闭门会、入企参观活动、日常动态推送等形式与核心媒体“交朋友”，形成日常维护、宣传合作、长期利益关联的关系网络。

传播实录 26：中国石化与石油 Link 联合出品口罩生产长图漫画

中国石化与石油 Link 联合出品长图漫画《这么“脏”的东西居然用来做口罩！》，还原了从石油变口罩的全过程，具有科普性。同时，漫画采用通俗易懂的语言风格，将复杂的化工产品生产过程变得更加“接地气”，增加了可读性和传播性。文章获得阅读量“10 万 +”，在线观看 537 次。网友留言：“我一个学环保的，都没搞明白那些材质区别，你这一说我基本都懂了。”

中国石化与石油 Link 联合出品长图漫画
资料来源：中国石化微信公众号。

传播实录 27：口罩议题发酵渗透，医药自媒体自发黏合

2020 年 3 月 5 日，医药行业知名垂直自媒体“赛柏蓝”通过微信公众号发布文章《中国石化，正式卖口罩》，获 1.1 万阅读量。文章引述中国石化官方消息，介绍了口罩产能

中国石化紧急扩产，良心价卖口罩
资料来源：赛柏蓝。

供应情况、市民购买方式等，并评论称“中国石化紧急扩产，如今已有了成效，每个口罩3.5元，在飞涨的口罩价格中，实属良心”，充分肯定了中国石化卖口罩对缓解“口罩慌”的贡献，同时有效提升了中国石化口罩的垂直专业性和影响力。

第六节

巧用“轻课堂”云疏导，暖“心”防疫

无论在抗疫期间还是后续的复工复产期间，员工是推动企业运转的关键牵引。面对疫情给员工思想和心理带来的消极影响，只有强化心理干预和疏导，加强人文关怀，做好特殊时期的思想政治工作，才能激发队伍斗志，为打赢疫情防控阻击战提供坚实保障。

在社会重大公共事件发生后，除对外积极表达企业责任外，对内要面向广大员工进行关爱与保障，这更能体现出企业的温度与价值。此时，对内宣传与对外宣传同等重要，甚至对内宣传的议题与行动，可以再次作为素材进行对外传播。中国石化在疫情期间加大内宣方面的投入，加强对员工的心理疏导与人文关怀，激发全员战“疫”斗志。

一、开启“内部员工关爱计划”，助力复工复产

焦虑与不安是人们面对社会重大公共事件后的普遍反应，心理上得不到安全保障会直接影响人的行为。例如，在疫情最为焦灼的时期，为保障各类应急资源供应的复工复产、身在海外无法马上归国等事情都会给直接利益相关员工带来不安、回避甚至抵触情绪。此时，心理疏导需要伴随社会重大公共事件的发生同步开启，以保障员工能够正确对待当前社会环境形势、国家决策以及公司决定，防止发生情绪引导下的次生突发事件，并有效地辅助复工复产。

二、界面友好型“温馨贴士”，“硬核”信息软性抵达

员工心理情绪稳定后，内宣工作的一大重点就是及时结合社会需要及员工需要，提供指导性、提示性信息，以保障企业安全运营、保障员工安心工作。诸如，复工复产防疫安全提示类信息、重点项目地防疫措施类信息、国家层面重要应急政策的解读与宣贯等。

此外，在表现形式上尽量脱离纯文字的信息灌输，宜采用如内部复工绘本手册、线上短视频提示、群短信微信倡议文案等方式，让广大员工可以快速吸收内容要点，且便于回溯查阅。此类新媒体形式的内宣素材，尤其涉及公众普适意义的议题内容，还可以在公共平台进行二次传播，既体现了企业在社会重大公共事件中仍可保持有条不紊的生产运营能力，也体现了企业的社会责任。

三、关注境外员工，借力“轻课堂”进行云疏导

在全球性的社会重大公共事件中，对境外员工的心理健康状况也要保持高度关注。可借助直播等新技术，通过内外联动，多措并举，快速为境外员工构建起心理防护“屏障”，彰显企业责任担当。如疫情期间，中国石化开办“EAP 小鹅通云课堂”，制作《身心放松小技巧》等微动漫、微音频 60 多个，被境外员工称为“雪中送炭”。同时，为八大区域的境外员工举办了 21 场线上心理直播课，受到员工欢迎。

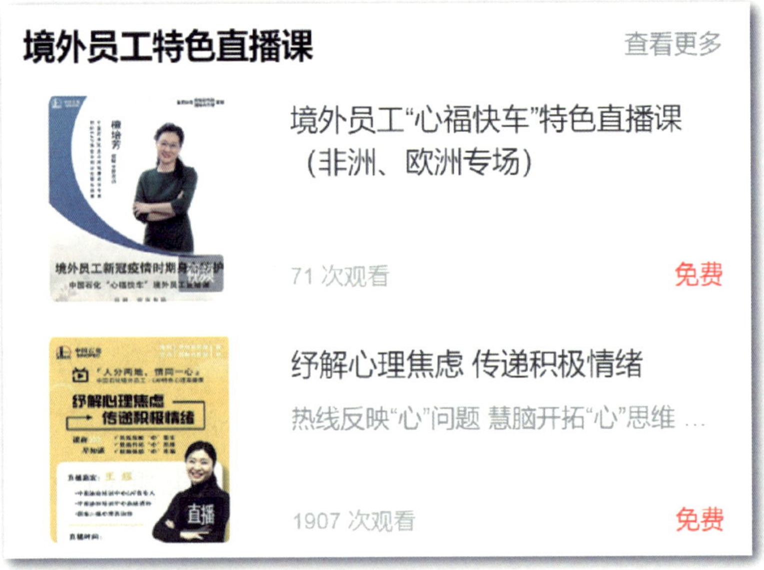

中国石化境外员工心理直播课堂

资料来源：中国石化党组宣传部小鹅通 EAP 课堂。

传播实录 28：借势“心理熔喷布”，传播心理援助经验

中国石化内部员工帮助计划用书

资料来源：中国石化党组宣传部小鹅通 EAP 课堂。

新冠肺炎疫情发生以来，中国石化积极贯彻习近平总书记“要加强心理干预和疏导，有针对性做好人文关怀”的指示要求，高度关注特殊时期百万员工的心理健康状况，EAP 作为思想政治工作的有力抓手，发动企业 EAP 骨干和志愿者加强心理

干预和疏导，快速打响“心战疫”。根据员工需求，针对疫情期间和疫后的心理重建等方面，提供全程、全方位的心理防护支持。

疫情期间，中国石化加大力度为员工编织“心理熔喷布”，推出“2+2+5+N”心理防控措施，即开通境内、境外两条心理热线，编辑出版两本心理调适书籍，设计组织开展5份疫情期间的心理调查报告，自愿参与调查人数超过5万人，“N多”的志愿者、“N多”心理战“疫”行动，阻隔了因疫情产生的压力与不良情绪，保持了员工的心理健康。

对此，如何将中国石化对员工心理关怀的经验，有效对外传递呢？

一是以书籍为载体，实现深度传播。疫情期间，中国石化及时出版《心战疫》《心理调适与重建》两本心理调适书籍，其中有疫情特殊时期的调节情绪方法、如何科学处理情绪问题等。这两本书同时也为EAP从业者、志愿者和研究人员提供参考。

二是通过自媒体平台，普及心理防护知识。中国石化通过官网、官方微博及搜狐、澎湃等平台对普及员工心理防护进行了深入宣传，中国化工报、潇湘晨报等发布了报道，另外“@国资小新”发文点赞了中国石化开通心理热线等举措。

三是借势“心理熔喷布”进行热点传播，提升关注度。我们借用中国石化生产“熔喷布”的热点，顺势推出新闻通稿，传播心理防护经验，增强了新闻话题的渗透力和传播力。

中国石化

190 文章　39万 总阅读

查看TA的文章>

评论

0

分享

微信分享

新浪微博

QQ空间

复制链接

中国石化大力加强干部员工心理防护

2020-02-04 11:32

新型肺炎疫情发生以来，中国石化积极贯彻"要加强心理干预和疏导，有针对性做好人文关怀"的指示，高度关注特殊时期百万员工的心理健康状况，把EAP（Employee Assistance Program，直译为员工帮助计划）作为思想政治工作的有力抓手，发动企业EAP骨干和志愿者，快速响应党中央号召，打响心理战"疫"，形成了上下联动、资源共享、协同服务的生动局面，取得了积极效果。

湖北石油菱角湖加油站党员站长为救护车加油 摄影：熊涛▲

中国石化加强 EAP 建设
资料来源：中国石化搜狐号。

中央企业搭建"连心桥" 做好员工心理防护

国资小新 V　03-30 20:31 已编辑　投诉　编辑记录　阅读数：59106

战疫有力度 关爱有温度

新冠肺炎疫情发生以来，中央企业坚持以党建为统领加强队伍建设，以人为本，把员工的生命安全和身体健康放在第一位，因地制宜推出一系列"硬核"举措，关心关爱员工尤其是抗疫一线员工的身心健康，中国能建开展"六个一"行动，中国石化紧急开通"武汉心理热线"，通用技术集团面向4万多员工开展线上心理健康培训……多措并举引导广大员工正确看待疫情，树立积极向上的心态，增强打赢战"疫"的信心决心，并设身处地帮助解决员工的实际困难，建立党组织与员工的"连心桥"，让这场战"疫"有情怀、有温度，助力企业有序推进复工复产、稳产扩产。

中央企业积极组织员工心理防护工作
资料来源：国资小新。

传播心理防护经验
资料来源：中国石化党组宣传部小鹅通 EAP 课堂。

中国石化全力建设“心理熔喷布” 积极推广员工帮助计划，为推进健康中国建设添砖加瓦

2020-12-14 来源：中国石化

12月14日，从中国石化新闻办获悉，为深入贯彻落实党的十九届五中全会“全面推进健康中国建设”精神，中国石化日前印发《进一步推广应用员工帮助计划（EAP）的意见》，提出打造“健康石化、健康心态”，助力建设世界领先企业的工作目标。

“心理熔喷布”保障员工心理健康计划
资料来源：能源。

传播实录 29：动漫轻传播，返岗防疫见实效

2020 年 2 月下旬，伴随全国复工复产的逐步推进，不少人已经或者即将返回岗位。但是，面对当时仍旧处于胶着阶段的疫情，政府相关部门也在不断提醒大家提高警惕，对疫情不要掉以轻心。中国石化为保障员工返岗后各项防疫工作到位，以社会及员工个人利益为出发点，制作了多个场景的动漫视频，以帮助员工快速了解防疫工作要求及相关小知识。相关视频不但惠及石化员工，对社会广大即将返岗的公众也具有借鉴意义。看似内宣性质的小动漫，不但体现了中国石化对员工的关爱，也体现了企业作为社会运转一员的责任。

中国石化《员工返岗防疫警示动漫》
资料来源：中国石化微信公众号。

图解酒精防疫
资料来源：中国石化《员工返岗防疫警示动漫》。

05

第五章

认识、认知与认可：价值传播再思考

从简单的识别认识到全面的企业认知，再到精神层面的价值认可，意味着公众对企业的认知程度由浅入深、逐层递进。同时，公众与企业建立的关系也由疏离到紧密，逐级加强。

在重大公共事件中，公众对企业的社会价值有更高的期待。契合这一诉求，也是企业开展价值传播的良好时机。区别于日常以提升企业知名度为目的的企业曝光“量”的积累，以传递企业价值为重要抓手，注重“质”的表达是提升企业美誉度的重要手段。尤其在重大公共事件中，价值传播扮演着让受众对企业从认识到认知，再到认可的重要角色。

价值传播是企业与公众沟通的高级阶段，是作用于公众情感层面的精神共鸣和价值认同，便于公众在认识企业、理解企业的基础上，形成对企业的崇拜和挚爱等情感层面的联结，从而构建更加紧密的社会生态关系。因此，价值传播其实是着眼未来的事业，它或许在短期内难以为企业带来经济效益，却是打造百年企业的必修课。

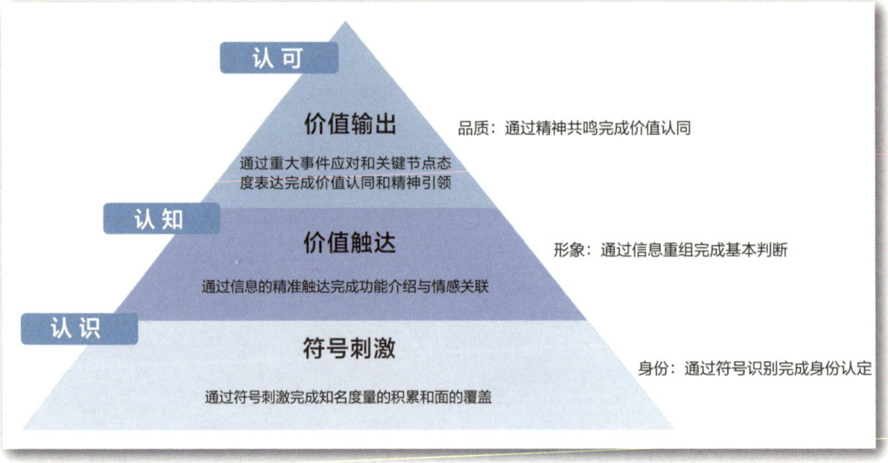

价值传播体系
资料来源：中国石化党组宣传部。

第一节

理念输出，如何实现高维传播

企业规模越大、影响越广，面对的社会公众就越多，与社会各方面的关系就越错综复杂。面对日益提升的社会期待，企业在扩大知名度的基础上，更需要在增强社会认同上下功夫。价值传播就是企业赢取社会信任、会聚品牌情感的重要途径，是完成从认知、认同到忠诚这一传播过程的高维传播方式。

一、从提升认知到传递理念

长期以来，企业对自身形象的建构多聚焦于品牌传播，即以影响社会认知度、提高企业知名度为目的，提升企业的经济效益和行业地位，其核心诉求是“量”的提升。

当前，作为已经具备一定公众认知度的企业，多从信息供应不足转向供给过剩的状态，知名度的构建不再稀缺，企业价值的缺席却成为新的“短板”。挖掘、传播海量信息中的价值观念，成为提升企业美誉度、优化影响力的传播新视域，这一视域的核心诉求是“质”的转变。

放眼全球，领先企业已逐步实现从单一追求营收规模的增长，向全面打造企业长期影响力目标的转变。[①] 从企业长远发展来看，良好的经营状况并不能完全代表企业的发展潜力，社会责任和企业价值才是企业融入社会并实现长期发展的保障。

如今，大型央企特别是行业龙头被赋予更多身份，如“国家扶贫的支持者”“生态环境的维护者”“民族文化的践行者”等，这些形象的塑造依赖理念的传递。相较于一些欧美发达经济体而言，新兴经济体的企业在这些方面仍有明显差距。

大型企业由于先天的资源优势及庞大的企业规模，往往给人产生一种距离感和疏离感，主要原因是缺乏与公众的感性沟通和柔性

① 苏德中，常博逸．企业影响力，亚洲经济发展的新坐标 [J]. 博鳌观察，2014（2）：129-131.

表达。围绕传递企业理念讲好品牌故事，能够帮助公众形成更丰富的品牌联想，感知企业温度和担当，让公众在潜移默化中形成心理层面的认同。

特别是在重大公共危机发生和结束后，企业应意识到，在恐慌情绪下，社会关注度高、舆论敏感度高、传播影响力强这些特点，抓住关键时机，积极释放企业的价值观念，将发生危机时表现出的社会责任，以价值的传播和理念的聚合，实现从品牌认知、认同到忠诚的过渡。

二、从功利呼吁到深层关怀

当前，社会公众对企业形象定位的判断标准在不断升级，从以往单纯的“产品驱动”，到如今的“价值观驱动”，如何成为被社会公众认同的企业，成为企业形象塑造的新挑战。

为适应社会公众的新要求，诸多大型跨国企业的传播逐渐从以往的功利呼吁，开始向对人类发展的深层关怀过渡，更加关注对社会效应的集中释放。通过对社会主流价值的践行与传播，聚合企业的核心价值体系，集中释放企业的社会效应，如推动山区脱贫、保护生态环境、救助野生动物等，塑造企业的核心价值体系，实现企业传播维度的升级。

例如，通用电气曾推出一项名为“生态想象”的活动，致力于解决环境问题；特斯拉公司将公司使命改为“加速世界向可持续能源的转变”，更加强调致力于解决世界可持续发展的问题。企业从愿景、使命和价值观等层面对人类可持续发展和创造美好生活的关注，都为企业在获得公众认同尤其是实现跨文化交流，输出了普世价值观，与公众产生共鸣。

近年来，中国石化契合自身特性，将原来的企业文化核心理念“爱我中华，振兴石化”升级为“为美好生活加油”“能源至净 生活至美”，更加强调中国石化对人类创造美好生活的助力，有效塑造了企业新的形象。此外，中国石化也更加注重对社会公众的深层关怀，积极承担社会责任、投身公益事业，逐步从“引导客户认同产品价值”到“引导公众认同企业价值”，实现价值传播理念与内核相一致。

三、从独具个性到意义分享

从传播的目标上看，价值传播区别于以营销或品牌曝光为目的的传统传播，并不具有明显的排他性。如果信息传播的最高境界是精准，那么价值传播的最高境界则是意义分享与意义增值。价值传播是建立在观念多样性乃至分歧之上的“重叠共识”，追求的是公众精神层面的共鸣以及整个社会的价值认同。价值传播的包容性使公众能够在价值聚合、意义分享的过程中不断扩大意义系统的范畴，创造出新的价值内涵，丰富企业价值的时代特征。

对于企业来说，将践行企业社会责任常态化、系统化、科学化，这是实现企业价值、满足国家需要和人民需求的必然之路。“急国家之所急、供人民之所需”，尤其要在重大突发事件中发挥“排头兵”和“顶梁柱”作用，关键时刻不缺席、重要节点顶得上，不是将企业价值写在纸上，而是将企业价值践行在实际工作当中，这些才是国家需要、人民期待的价值传播和精神引领。

第二节

自塑、他塑与合塑：价值传播与传播价值

开展价值传播，既是对社会期待的回应，也是实现从认知、认同向忠诚过渡的高维传播方法。有价值传播就有传播价值，厘清二者的概念与关系，是探讨价值传播方法论的前提。

价值传播是指对特定价值理念、价值标准的传播，是对社会价值取向的引导，往往隐藏于传播活动背后，以提升企业的美誉度；传播价值是指传播内容对消费者的有用性，通常包含政治、经济、社会、文化效益等方面，通过开展传播活动创造效益，树立企业在行业的引领地位。为了创造、丰富企业的传播价值，就需要开展价值传播，即价值传播是手段，传播价值是目的。

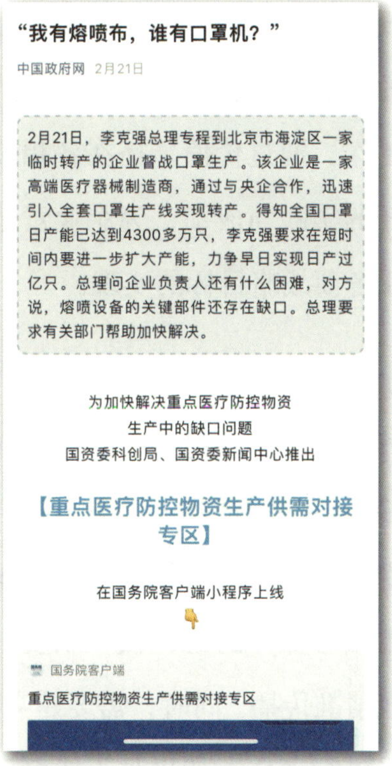
“我有熔喷布，谁有口罩机？”

中国政府网 2月21日

2月21日，李克强总理专程到北京市海淀区一家临时转产的企业督战口罩生产。该企业是一家高端医疗器械制造商，通过与央企合作，迅速引入全套口罩生产线实现转产。得知全国口罩日产能已达到4300多万只，李克强要求在短时间内要进一步扩大产能，力争早日实现日产过亿只。总理问企业负责人还有什么困难，对方说，熔喷设备的关键部件还存在缺口。总理要求有关部门帮助加快解决。

为加快解决重点医疗防控物资
生产中的缺口问题
国资委科创局、国资委新闻中心推出

【重点医疗防控物资生产供需对接专区】

在国务院客户端小程序上线

国务院客户端
重点医疗防控物资生产供需对接专区

国务院客户端“重点医疗防护物资生产供需对接专区”宣布开通
资料来源：中央政府网公众号。

一、价值传播“四大原则”

通常情况下，企业开展价值传播需要正确把握四大原则，具体包含战略性、精准性、系统性和互动性。

1. 战略性原则

企业的价值传播服务企业发展的整体战略，应契合企业的发展目标与愿景，传播规划需要有战略的高度和长远的角度。同时，需要积极响应新时代的发展诉求，响应党中央的战略目标，契合“高质量发展”的中心工作，通过价值传播在各相关方之间强化企业政治、经济、社会责任的实践与成绩，为企业营造良好的舆论环境和企业形象，助力企业各项战略目标的实现。

2. 精准性原则

当前媒体的发展呈现诸多新趋势，媒体受众也在不断分化，在媒体渠道的选择与传播节奏的把控上，需要结合不同的传播需求进行选择与调整。特别是企业的价值传播，因议题及传播节点的特殊性，更需要把握严肃核心媒体的定调权，以及主流高质量社交平台的下沉特征，以实施精准传播。同时，需要建立传播评估闭环机制，及时对相关传播效果进行评估，如果是不能有效触达且无有效影响的传播计划，就要适时调整完善。

3. 系统性原则

从宏观视角把握价值传播工作，形成战略、价值与传播的系统性联动，企业价值传播与企业日常宣传系统性统筹，各大媒体平台之间系统性同步，以达到传播资源利用的最大化、传播效果的最大化。针对传统媒体、新媒体以及不同的信息服务提供商，企业应进行全年的系统性规划安排。

4. 互动性原则

创新方式和手段，借助人工智能、大数据等先进技术，利用各种传播活动，增强与媒体的互动、增强与受众的互动、增强与同行业者的互动、增强与政府及专家资源的互动，通过紧密互动，增进企业价值传播的有效性。

二、价值传播“供应链”建设与运转

依托价值传播四大原则，企业需要进一步梳理建立符合自身战略发展的价值传播“供应链”，使价值传播工作更具连贯性、主动性，更能获得公众的认同，从而服务企业高质量发展。

在具体的价值传播“供应链”建设与运转中，应遵循以下五大理念与方法。

1. 理念上：诉诸共情，说动大于说服

诉诸共情是价值传播的重要方法。作为一种意义分享的传播模式，价值传播并不像信息传播或观点评述一样追求逻辑与说教，而是要契合人性内部的导向体系，以价值内化为传播靶向，实现受众认同度的提升，从而说动的效果要大于说服。

一是感知社会心理变化，寻找共情点。如今，随着社交网络和社交媒体的崛起，整个社会传播内容的生产者呈现出社会化、立体化和结构化的趋势，好的信息内容不再是稀缺性资源，公众在对信息消费的同时更加关注的是信息带给自身的社会情感体验和情绪

缓解需求。[1] 价值传播也应顺应社交媒体时代公众认知心理的新变化，注重情感表达与情绪营造，创造出具有高识别度和强通约性的价值传播符号，动之以情、情理交融，以共鸣与共情实现价值观的聚合。

二是做得好还需说得巧。企业价值的大小，最终还取决于公众认同程度的高低，只有收获公众的内在认同，价值传播效果才能得以实现。企业在价值传播过程中，应避免一味地追求痕迹过浓的刻意宣传，应以切实的责任担当、良好的榜样作用做好表率，追求价值践行与价值解释的统一。在此基础上，以共情的方式实现价值感化，从而“做在先，说在后；做得好，说得巧”。

三是将“我们”融入“他者”。不同于一般的信息传播或知识传播活动，价值传播的内容主要是社会主流价值观和企业核心价值体系，具有明显的意识形态导向，在传播表象之下包裹着一颗“硬内核”。而“硬内核”的传播切忌过度灌输、生硬呆板，这样容易让受众出现逆反心理，产生负效应。因此，更加隐性的“软传播”方式值得借鉴。在传播活动一开始就树立受众观念，避免自说自话。“软传播”的关键在于谁更接地气，谁的接近权、表达权、控制权更多地向受众倾斜。话语使用上的“去规范化”，是新媒体时代话语方式最明显的改变。以往严肃生硬、字正腔圆的话语模式，在当

① 喻国明 . 社交网络时代话语表达的特点与逻辑 [J]. 新闻与写作，2017（7）：41-43.

今媒介生态中难以被有效传播，而轻松愉快、趣味性强的话语和文字模式往往能获得更多关注，赢得受众内心的认同。

2. 渠道上：寻求参与，双向强于单向

价值理论表明，企业价值由多方共塑，它不仅属于创造者，也属于社会公众。从传播学视角来看，传受双方共同参与到传播过程之中，能够有效发挥受众的主观能动性，明显提升传播效果。企业在价值传播过程中，可以通过线上或线下多种方式引导公众开展互动，以增进企业价值的共塑。

一是“主流”嵌入“非主流”。这里的“非主流”是指区别于传统媒体的更多新媒体渠道，可以通过更富人文气质的形式提升传播效果。价值传播在保持传统主流媒体定性、定调传播的基础上，还需要契合当前互联网、新媒体的发展形式，开发更多能够下沉到直接受众的平台渠道，融入青年网民的话语体系，优化网媒体验。融合运用图文、声像及非语言符号进行表达，同时积极利用大数据、人工智能、虚拟现实等技术，创新生产机制和呈现样式，这样才能产生良好的传播效果。

二是制造更多“沉浸式传播”场景。与传统媒体时代相比，当前传播活动的运行机制发生了深刻变化，模糊、单向的传播链被互动、精准的数字化传播方式所取代，以“沉浸式传播”最具代表性。沉浸式传播最主要的特征是人与媒介实现深度融合，人成为媒介的

一部分。[①] 短视频新闻、虚拟全景展现等都是“沉浸式传播”的呈现形式，也为企业传播价值理念提供了启发。

3. 节奏上：主动谋划，自塑优于他塑

每家企业，由于发展背景、发展阶段、企业文化以及传播能力的差异，在舆论场中被认知的形象都会出现差别。对于自身传播能力不足，或传播目标不够明确的企业来说，形象建构中也会出现他塑主导的局面。在一些常规传播活动中，这种局面可能不会产生太大的负效应，但对于价值传播这种核心传播活动来说，任由他人塑造会为企业带来诸多不利影响。因此，企业在确立自己的核心价值体系后，应当制定清晰详细的价值传播战略，主动依据拟定的议题进行传播，全面掌握主动权、话语权，以避免核心价值在被动的碎片化传播中被消解。

一是探索当前媒介生态下的“合塑”机制。自塑是企业价值传播的理想状态，但在当前网络环境中，“人人都是自媒体，个个都是发言人”。各种新兴媒介必然会参与到传播过程中，企业价值的完全自塑难以实现，因此在这种情况下，“合塑”才是传播实践中的现实状态。

一方面，企业应正视各类新媒体平台，主动提供传播素材，加强线下沟通联系，畅通信息获取渠道，实现良好的舆论互动。例如，

① 王志锋. 从沉浸式传播看“军装照”刷屏 [J]. 中国报业，2017（17）：54.

组织新兴、热门传播平台活动，强化企业在新媒体领域的影响力。另一方面，由于新兴媒体平台太过庞杂，致使一些新媒体账号总会制造企业的负面信息与舆情。对于这种情况，应意识到负面内容给受众带来的“平衡效应”，使传播更加客观、中立，有利于企业整体形象的可信性。但是，同时也要注意做好议程设置和舆论引导，避免负面信息成为舆情热点，占据传播主流，应确保企业在合塑中也能以正面为主。

二是注重常态，平时重于临时。长期以来，企业在传播时习惯采用集中宣传的方式，组织各大媒体记者参观采访，在较短时间内形成传播强势、打造品牌形象。这种方式见效较快、热度较高，具有独特的传播优势。但是，对于价值传播来说，在做好集中宣传的同时，更要注重平时的传播、点滴塑造，将价值观念寓于企业日常事务之中，在长期、渐进的过程中实现价值观念的养成，以长期规划夯实传播基本功。

4. 议题上：呼应关切，“他想”先于“我想”

价值传播议题虽然需要在整体策划中紧密围绕企业整体发展战略，但切忌过度以“我”为中心，将企业价值强加于公众认知上。企业在进行价值传播议题策划时，需重点围绕中央领导关心、主流媒体关注、社会公众关切的“三关”主题展开。传播内容要从国家高度、企业发展角度、媒体传播深度等方面进行系统性策划。

一是高质量发展、精准扶贫议题契合中央关心。无论是在日常还是在重大社会公共事件期间，中央对社会、经济稳定发展的关注与关心始终不变。企业在进行相关价值传播时，议题策划可深度围绕高质量发展、精准扶贫等议题展开，突出体现企业在产业链中帮扶共建、复工复产、精准扶贫等方面的解决方案、现实行动与有益成果，在提升社会信心的同时，充分释放企业的经济、社会价值。

二是价值创新、社会保障呼应媒体关注。媒体更加关注“新闻点”。面对媒体的关注，企业需要寻找企业价值点与媒体兴趣点的交集，实现传播效果的最大化。在相关议题设置上，一方面要有能够体现企业价值创新，展现企业服务社会、服务民生的战略发展，以及产业布局方面的议题，要从除实时性新闻议题外，更易获得严肃媒体认可的角度出发，同时还可以更好地体现企业的社会与经济价值，所以企业需要着重讲好创新驱动的故事。另一方面，能够体现企业社会保障作为的议题，在重大公共事件中也会备受媒体关注。企业的帮扶保供公益行动、依托自身资源优势对社会需求的迅速响应成绩等，更能帮助企业在价值传播中跳脱出聚焦自身成长的微观命题，充分展现大企业的大担当。

三是探寻公众痛点议题，呼应社会关切。面向终端受众，使这一群体充分地真切感知企业价值的方式，即充分利用企业产业能力，解决日常及重大公共事件中社会公众最为关切的痛点问题，这也是面向该群体的重要价值传播议题的切入点。例如，社会急需物资的供给、面向特殊人群的关怀与行动、及时跟进社会运转的各个节点、提前布局涉及影响公众生活的提示信息等，这些都可以充分获得公众的关注与认同，同时呼应“共情”的价值传播理念。

5. 保障上：高效联动，成体系强于零散推进

企业价值传播工作能够高效运转、及时响应，还需要联动保障机制的建立，使新闻宣传部门可以依据企业发展实际、企业公益行动等及时输出议题。

一是重大公共事件期间，建立扁平化信息联动机制。企业要保障前方的保供保障行动与后方的价值传播双轮驱动，就需建立总部与各单位间的信息共享机制。一方面，能够强化总部层面对于价值传播理念与议题方向的宣贯；另一方面，各单位能够契合企业整体传播基调，迅速收集一线事实性传播素材，通过新闻加工，使之快速转化为企业价值传播素材，以发挥企业对外“新闻通讯社”的作用。

二是日常状态下，企业的价值传播需注重传播供应链的梳理与建立。通过系统化建立企业基础数据库、专家库、语素库、关键词等，实现流程化管理和各环节的有机互动，进一步推动价值传播的高效化和优质化，同时实现企业战略、实践、价值与传播的有机互动，力促企业新闻宣传工作再上新台阶。

附录：中国石化传播实录索引

扫二维码，获取中国石化
战“疫”报道案例集

后　记

企业价值并不只是企业资产的价值。从系统和整体的角度来看，企业价值是一个有机的生产能力载体和获利能力载体，包含了企业潜在的获利机会价值。

除资产价值等商业指标外，企业价值还有非常重要的一面——社会价值和公众形象。虽然其并不体现为数据报表等有形价值，但与企业生产经营方方面面息息相关。由于它直接作用于市场和舆论，是企业未来发展的晴雨表和风向标。因此，在日常及社会重大公共事件中，如何做好企业价值的释放与传播，已经成为回应社会诉求、塑造企业形象、释放发展潜力的重要课题。

立足2020年新冠肺炎疫情，我们围绕社会重大公共事件中突出矛盾的解决，分解新冠肺炎疫情暴发、延续等不同阶段的社会诉求与期待，结合中央企业政治责任、经济责任、社会责任三大企业价值立足点，梳理如何通过有效、高效的价值传播，稳定社会、市场情绪，助力抗疫行动稳步推进。最终通过价值传播来传播中央企业真实价值，在重大公共事件的应对过程中，增进社会各界对中央企业的认同与认可。

抗疫期间的价值传播，是企业的一次实战练兵，但企业的价值输出绝不仅止于此。

通过价值传播方法论的总结，传播节点、技巧的再提炼，以期给予更多企业在价值传播理念与技巧方面的借鉴和启发。通过每一家企业价值的释放，让整个社会、公众感受到企业温暖的一面，让更多公众看到中央企业为保障国计民生所付出的行动。

“倾我所有，尽我所能”，在社会重大公共事件中，中央企业不计得失的付出是政治与社会责任担当的真切呈现，也必将成为建立百年长青企业的重要基石。

此书是在疫情尚未结束、抗疫已然常态化的情况下编撰的。时间紧、思考浅，是一本案例分析和思考相结合的图书，呈献给大家指正。

最后，感谢中国石化党组宣传部的金珠同志，她以新闻传播学及出版专业所长，为本书提供了多角度的研究及资料编排工作，如切如磋，耗时耗力。另外，中国经济出版社及其编辑团队，为本书的出版、发行付出了大量辛勤的劳动，在此一并致谢。